阅读推广人系列教材

图书馆

经典阅读推广

丛书主编：王余光　霍瑞娟
本册主编：李西宁　张　岩
本册副主编：王丽丽

CIPG　中国国际出版集团
China International Publishing Group

朝華出版社
BLOSSOM PRESS

图书在版编目 (CIP) 数据

图书馆经典阅读推广 / 李西宁，张岩主编 .—北京：朝华出版社，2015.9（2016.8重印）
阅读推广人系列教材 / 王余光，霍瑞娟主编
ISBN 978-7-5054-3793-7

Ⅰ.①图… Ⅱ.①李… ②张… Ⅲ.①图书馆－读书活动－教材 Ⅳ.① G252.17

中国版本图书馆 CIP 数据核字 (2015) 第 219921 号

图书馆经典阅读推广

主　　编　李西宁　张　岩

选题策划　张汉东
责任编辑　田玉晶
责任印制　张文东　陆竞赢

出版发行　朝华出版社
社　　址　北京市西城区百万庄大街 24 号　　　　邮政编码　　100037
订购电话　（010）68995593　68996050
传　　真　（010）88415258（发行部）
联系版权　j-yn@163.com
网　　址　http://zhcb.cipg.org.cn
印　　刷　三河市百盛印装有限公司
经　　销　全国新华书店
开　　本　710mm×1000mm　1 / 16　　　　　字　　数　250 千字
印　　张　15
版　　次　2015 年 12 月第 1 版　　2016 年 8 月第 2 次印刷
装　　别　平
书　　号　ISBN 978-7-5054-3793-7
定　　价　39.80 元

阅读推广人系列教材编委会

总 序

　　全民阅读、阅读推广，是立足中国文化、提高中华民族素质与竞争力的重要举措，近年来受到政府与社会的广泛关注。党的十八大报告在关于"扎实推进社会主义文化强国建设"的论述中明确表示要"开展全民阅读活动"。2014 年和 2015 年李克强总理两度在《政府工作报告》中提及要"倡导全民阅读，建设书香社会"。

　　开展全民阅读活动是一项社会文化系统工程，需要集合全社会的力量推行。图书馆承担着传承社会文明、传播知识信息的重要职责，尤其在推动全民阅读、提高人民群众思想道德素质和科学文化素质，推动社会进步中发挥着重要作用。其实，图书馆界开展阅读推广工作由来已久，甚至可以说，提供阅读场所和读本的图书馆自诞生之时就以阅读推广为自身的天然使命。2006 年，作为我国图书馆界及相关业界最有影响力的社会组织，中国图书馆学会成立了科普与阅读指导委员会，这标志着中国图书馆学会在推动全民阅读上有了专门的组织机构。2009 年，科普与阅读指导委员会更名为阅读推广委员会，下设 15 个专业委员会。近年来，中国图书馆学会依托图书馆行业自身优势，联合社会力量，积极倡导全民阅读，指导和推动全国图书馆界开展阅读推广活动，加强阅读文化和阅读服务的研究，集聚了一批从事全民阅读与阅读推广研究和教育培训等方面的专家，形成了开展阅读推广活动的长效机制。

　　图书馆员是图书馆阅读推广活动的策划者、组织者和实施者，其相关能力直接影响着图书馆阅读推广活动的成果与实效。图书馆阅读推广活动的开展离不开高素质的"阅读推广人"。为了更加规范有效地开展阅读推广活动，进而从根本上促进我国全民阅读事业的发展，中国图书馆学会于 2014 年底在江苏常熟举办的全民阅读推广峰会上，正式启动了"阅读推广人"培育行动，计划通过未来几年的努力培育一大批专业的"阅读推广人"。通过培育行动，将有更多职业的"阅读推广人"在图书馆、学校以及更广阔的空间里发挥更大的作用，为推进全民阅读工作和书香社会建设做出更大的贡献。

为了配合"阅读推广人"培育行动的开展，中国图书馆学会组织编写了"阅读推广人"培育行动系列教材，目前先期出版六种。希望这套教材的出版能对"阅读推广人"的培育和图书馆界及相关业界阅读推广工作的开展有所助益。由于编者水平有限及出版时间仓促，书中错误之处在所难免，敬请同行及读者指正。

中国图书馆学会理事长、国家图书馆馆长：韩永进

目 录

第一讲
经典阅读推广概述

何官峰[*]

朱自清在为《经典常谈》撰写的序言中，开门见山，首次提出"经典训练"的思路。[①]经典训练在某种意义上，就是如今我们所说的经典阅读推广。经典训练和经典阅读推广，都是直接面向广大读者群体，并帮助读者阅读经典的文化活动。然而，当今读者对待经典的态度和阅读经典的状况并不容乐观。从宏观方面看，社会环境变迁等因素，给经典阅读带来一些消极影响：诸如经济至上、追求功利，导致读者偏向功利性浅阅读这一状况让人堪忧；技术飞速变革，信息汹涌而来，导致读者在信息的海洋里出现选择迷茫等问题。从微观方面看，读者阅读经典时，表现出诸如读经何用、他人代读、经典难读等观念和能力方面的问题。宏观和微观两方面的问题，共同作用，使得经典阅读推广面临严峻的考验。

此外，坊间常常听说"经典，就是那些我们真正需要读而没有读的书"这句话，表明很多人对待经典抱有一种懒洋洋的态度。深入分析现象背后的深层原因，我们认为，有的读者缺乏阅读经典的主观意愿，有的读者阅读经典的能力不足。因此，我们不仅要努力寻找激发读者阅读经典的意愿的办法，而且要

---

[*] 何官峰，西南大学图书馆副研究馆员，北京大学信息管理系博士研究生。在《图书情报工作》《图书馆杂志》等期刊发表论文十多篇。

[①] 朱自清. 经典常谈 [M]. 文光书店，1947：1.

积极帮助读者训练和提升阅读经典的能力。

美国著名文学批评家哈罗德·布鲁姆在《如何读，为什么读》一书中说，深读经典是一种"有难度的乐趣"。[①]那么，我们如何推广这种有难度的乐趣，既增加阅读经典的乐趣，又降低阅读经典的难度呢？前者是如何增强读者阅读经典的意愿，后者是如何提升读者阅读经典的能力。带着这些问题，我们将一起深入探讨如何做好经典阅读推广工作。本书将分为八讲，既有理论阐述和介绍性的内容，也有面向实务的实践导向性内容，依次主要包括：经典阅读推广概述，经典阅读的意义和经典的选择，经典阅览室及设计，工具书与经典阅读，经典版本与经典阅读，乡邦文化与乡邦经典阅读，经典阅读推广的方法与实践，经典导读等内容，并附有大量延伸阅读材料。

本部分内容为第一讲，主要阐释经典阅读推广的内涵，介绍经典阅读的中外代表性理论成果，阐述经典阅读推广的一些重要阵地及其相关活动，从宏观和微观两种视角分析经典阅读推广的意义。笔者希望有助于阅读推广人认识和掌握当前经典阅读推广的理论基础，有助于阅读推广人了解和熟悉经典阅读推广的主要阵地及其品牌活动，有助于阅读推广人进一步理解和认同经典阅读推广的意义，从而在形成理论认识的基础上，为经典阅读推广实践发挥积极的作用。

第一节 经典阅读推广的内涵

在开展经典阅读推广实践之前，我们首先面对的问题就是要了解相关概念及其内涵，本部分主要介绍如下概念：经典，经典阅读推广。

一、何谓经典

所谓"经典"，南朝刘勰在《文心雕龙·宗经》里曰："经也者，恒久之至道，不刊之鸿教也。"[②]即"经"是永恒的道理，是事物变化的基本规律。"典"在《尔

---

① 〔美〕哈罗德·布鲁姆.如何读，为什么读 [M].黄灿然，译.南京：译林出版社，2011：14.
② 〔南朝梁〕刘勰.文心雕龙：宗经 [M]//周振甫.文心雕龙今译（附词语简释）北京：中华书局，1986：26.

雅·释诂》中解释为："典，常也。"①从甲骨文字形来看，上面是"册"字，下面是"大"字，合在一起是大册的书，意指重要的文献、典籍。"经""典"合用，有"常道、准则"的意思，可引申为"典范、典籍"。《辞海》中将"经典"解释为："最重要的、有指导作用的权威著作。古代儒家经典。也泛指宗教的经书。"②东汉王符在《潜夫论》中讲道："圣人以其心来造经典，后人以经典往合圣心也。"③认为后人要继承名圣先贤的经典，站在巨人智慧的肩膀上，才能走得更远。

在英语世界中，有"经典"含义的词语主要包括：Sutra、Classic 和 Canon。Sutra，专门表示宗教经典文本，如佛经；Classic，蕴含着"古典"的意思，指具有典范性和权威性的著作，多指古典性的作品；Canon，表明经典是一个具有宗教起源的词语，引申为具有规范性和典范性的作品，如《圣经》等。

冯天瑜先生在其著作《中华元典精神》中，把"经典"称为"元典"，认为"元典"是："那些具有深刻而广阔的原创性意蕴，又在某一文明民族的历史上长期发挥精神支柱作用的书籍。"④

牟钟鉴先生在《谈谈"读经"》一文中，认为经典必须具备这样几个条件：第一，它必须是大的文化体系创建时期的代表性作品，具有始祖性而不是流派性；第二，它包含着这一文化体系的基因，对该文化传统的形成，起着定型、导向的作用；第三，它是大悟性大智慧的结晶，故内涵丰富深厚，可以做无穷尽的解释发挥，所以不会过时；第四，它世代为广大范围的人群所奉读，在社会许多文化领域有普遍的影响，甚至成为一种共同性的文化语言。⑤

王余光先生在其著作《阅读，与经典同行》中说："我们常说的经典，是指那些具有重要影响的、经久不衰的著作，其内容或被大众普遍接受，或在某专业领域具有典范性与权威性。"除去专业经典，一般意义上的经典通常具有三个重要的特性，即：影响力、时间性、广泛性，⑥详细内容请见本书第二讲。

伊塔洛·卡尔维诺，20 世纪最重要的意大利小说家之一，在其《为什么读

---

① 〔晋〕郭璞注，《十三经注疏》整理委员会整理，李学勤主编.十三经注疏：尔雅注疏 [M].北京：北京大学出版社，1999：17.

② 夏征农.辞海（1999 年版缩印本）[M].上海：上海辞书出版社，2000：1406.

③ 〔汉〕王符著；〔清〕汪继培笺.潜夫论笺 [M].北京：中华书局，1979：13.

④ 冯天瑜.中华元典精神 [M].上海：上海人民出版社，1994：2.

⑤ 牟钟鉴.谈谈"读经" [M]// 陈明.原道.北京：中国社会科学出版社，1994：145.

⑥ 王余光.阅读，与经典同行 [M].深圳：海天出版社，2013：16–42.

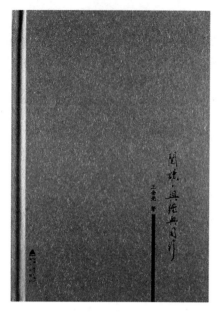

图 1-1 《阅读，与经典同行》，王余光著，海天出版社出版

经典》一书中，以极其精致细腻的笔触对经典作品给出了十四个定义，十分形象地阐释了经典的属性，阅读经典的状态及作用等内容。例如其中第一条："经典是那些你经常听人家说'我正在重读……'而不是'我正在读……'的书。"第三条："经典作品是一些产生某种特殊影响的书。"第七条："经典作品是这样一些书，它们带着先前解释的气息走向我们，背后拖着它们经过文化或者多种文化（或只是多种语言和风俗）时留下的足迹。"①

综上所述，在古今中外的大量著述中，我们可以看到不同的学者，对经典有着不同的认识和理解，直到如今，这一概念的定义仍然存在争论。在讨论和争议中，我们更加意识到，经典在人们生活中的地位非常重要，人类无法也不可能抛弃经典而孤独前行。鉴于经典是一个动态发展的历史概念，并且古今中外对经典的不同理解和争议，本书列举的部分经典读物主要包括清以前编著或者出版的经典文献及其内容，但是我们并不把清末以来中国和近代以来西方出现的经典文献（包括自然科学领域的经典文献）排除在外，仅仅由于篇幅所限，更加注重古代文史哲类经典文献在当代的价值和影响。

二、经典阅读推广

经典阅读推广，即社会组织或个人为促进人们阅读经典图书而开展的相关活动。相较于其他阅读推广活动，经典阅读推广更突出推广内容的经典性。对于经典阅读推广的内涵，要抓住两点精神实质，即不仅包含阅读推广的一般性意义，而且凸显阅读推广内容的经典性特征。

经典阅读推广的特点，主要表现在以下几个方面。

---

① 〔意〕伊塔洛·卡尔维诺.为什么读经典 [M].黄灿然，李桂蜜，译.南京：译林出版社，2006：1-9.

　　首先，经典阅读是一种体验性阅读，阅读推广要注重读者的主动性。经典的文本大都是一个特定的体验世界，读者阅读经典的过程，就是感受、体验的过程，感受经典文本的形象世界，体验经典文本的情感世界，领悟经典文本的意义世界。[①]图书馆的专业性和权威性是图书馆经典阅读推广的重要优势，但是，图书馆对自身这种专业性和权威性的过分强调和滥用，也常常成为影响读者体验性经典阅读的重要原因。有的图书馆在经典阅读导读中将经典典籍拆成一字、一句，学校授课式的单调逐一讲解，短短一篇词文要讲上整整两个小时，严重减弱了读者的阅读兴趣，也限制了读者对经典的整体性体验；有的图书馆员或专家学者在回答读者关于经典的问题时，常常照本宣科或是一味坚持自己的观点，不能接受读者的质疑或是其他理解和解读，影响了读者阅读的积极性和主动性。因此，图书馆在经典阅读推广中应更加重视读者的主观能动性，引导读者自己阅读和理解经典，而将自己放在一个咨询者和参考者的位置；面对读者对经典的理解和体验，要秉持兼容并包的思想和开放发展的视野。

　　其次，经典阅读是一种对话性阅读，阅读推广要注重读者的个性化。读者阅读经典可以看作是读者与经典的对话，这种对话是读者与作者之间的，超越时空的，超越现实的，是思想与思想的对话、心灵与心灵的对话，甚至是生命与生命的对话。对每一个不同的读者，每一场对话都是不同的，甚至对于同一个读者，每一次对话也都是不同的。因此，图书馆在进行经典阅读推广时，要重视和了解读者的个性化特点和需求，帮助不同的读者从他自身出发，阅读和理解经典，运用经典答疑解惑、引导人生。

　　最后，经典阅读是一种陶冶性阅读，推广经典阅读不仅仅是为了让读者从书本中获取更多的知识，更重要的是使读者通过阅读经典，陶冶情操，净化灵魂，升华人格。而这种陶冶性的阅读，更要求图书馆为读者的阅读经典活动提供优雅、平和、从容、安静、美好的阅读环境和阅读氛围。孟母三迁是为了给自己的孩子提供一个良好的学习、诵读环境，图书馆也可以尝试设置专门的经典阅览室，为读者提供一个理想的经典阅读环境。经典阅览室可以设置在图书馆一个封闭的空间内，也可以利用图书馆现有花园、回廊、天井、偏厅等开放空间，通过与阅览室相结合，借助巧妙的隔断或半隔断，形

[①] 曹明海 . 大众文化与经典阅读 [J]. 山东图书馆季刊，2008（2）：13–17.

成一个更加自然、开放、融合的经典阅读空间。但通常来说，笔者认为经典阅览室比较适合设置在图书馆相对安静的角落，因为经典阅读通常是一种比较宁静和专注的阅读活动，图书馆往来的人流容易影响阅读氛围。在经典阅览室的内部装修和布置陈设方面，图书馆可以注重体现经典阅读的古韵和雅趣，例如在经典阅览室中使用仿古的书架和桌椅，点缀以兰竹之类的花草；阅览室墙上可以挂上一些书画或是扇面，营造一种从容优雅、岁月静好的阅读氛围。经典阅览室陈列的经典图书可以从图书馆原有馆藏中精选、整理而来，还可以根据读者的借阅需求，额外采买一些热门经典图书的副本。但总体来说，阅览室的经典藏书要尽量做到品相良好，版本权威、精良，为读者提供良好的经典阅读品质和阅读体验。①

第二节　中外经典阅读的理论研究

近些年，国内外关于阅读推广的理论研究成果逐渐增多，相关著作大量问世，为阅读推广工作实践提供了理论前提和指导，而这些丰富的成果，也是经典阅读推广的理论基础。为了帮助阅读推广人掌握和认识当前经典阅读推广的理论基础和研究进展，下面将重点介绍经典阅读的中外代表性理论成果。

一、王余光的经典阅读理论

北京大学王余光教授有句名言，在学界和社会上广为流传，即"阅读，与经典同行"，并出版了同名著作《阅读，与经典同行》②。这本书深入探讨了当今阅读文化的转型和经典阅读的重要现实意义，其中就经典阅读与选择、推荐书目、信息时代与阅读、阅读文化、社会阅读等问题的阐述，表达了对经典阅读或读书的重视，汇集和凝聚了王余光教授多年来在经典阅读方面的理论思考

---

① 丁文祎.中国公共图书馆阅读推广研究 [D].北京大学，2014.
② 王余光.阅读，与经典同行 [M].深圳：海天出版社，2013.

与成果。

面对"为什么要读经典"的历史性提问，王余光教授在《百年来学人回答：为什么要读经典》①一文中，梳理了梁启超、鲁迅、唐文治、朱自清、钱穆、余英时以及美国人对为什么要读经典的不同回答。另又著文阐释了阅读经典的意义，认为"我们阅读传统经典，不仅是为了获取知识，也是为了一个悠久文化的传承与发展。这或许是寻求一个完善、独立的自我与品格的最好途径"。②可见，近百年来学者们一直在为阅读经典而呐喊，在呐喊声中，阅读经典的种子已在人们心中发芽并牢牢扎根。

阅读经典的必要性已经不容置疑，接下来主要是对经典内容的具体讨论。王余光先生在《推荐书目与传统经典的命运》中，梳理了推荐书目发展史上的"推荐经典之争"，总结为：胡适与梁启超之争、中与西之争、人文知识与科学精神之争、元典书目与影响书目之争。③王余光先生从不同维度，将经典阅读推荐书目的内容倾向性进行对比，给我们一些启发。首先，这些关于推荐经典的争论是好事，不一定要分出高下、非此即彼。其次，推荐经典之争，让我们对经典阅读推荐书目的编制有了更深刻的认识，包括对经典阅读推荐书目范围界定的差异，如何把握中国传统经典与西方经典的关系，如何处理人文社会科学经典与自然科学经典的关系，元典书目的前端价值判断与影响书目的后端价值判断等，均是不同的路径选择。

王余光先生在理论探索的基础上，十分注重经典阅读推广的实践。他先后主持和编撰出版了多部经典阅读推荐书目，如：《塑造中华文明的 200 本书》《中国读者理想藏书》《名著的选择》《名著的阅读》《读好书文库》《经典解读文库》《影响中国历史的三十本书》及《中国家庭理想藏书》（作为主任评委）等。此外，2008 年世界读书日期间，王余光教授呼吁图书馆设立"经典阅览室"。目前，国内多所高校图书馆和公共图书馆已经设立了"经典阅览室"，对经典阅读推广的影响意义十分深远。

① 王余光.百年来学人回答：为什么要读经典 [J].图书馆杂志，2014，（4）：23-26.

② 王余光.论阅读传统经典 [J].北京大学学报：哲学社会科学版，2001（1）：110-116.

③ 王余光.推荐书目与传统经典的命运 [N].中华读书报，2008-04-23（18）.

图1-2 《为什么读经典》，伊塔洛·
卡尔维诺著，译林出版社出版

二、伊塔洛·卡尔维诺的经典阅读理论

伊塔洛·卡尔维诺，意大利当代最具有世界影响的作家之一，于1985年被提名为诺贝尔文学奖获奖者，却因于当年猝然去世而与该奖失之交臂。卡尔维诺关于经典阅读的理论著作，主要见于《为什么读经典》一书。伊塔洛·卡尔维诺在其《为什么读经典》一书中，给经典作品下了十四个定义，详细内容请见"延伸阅读"。

三、哈罗德·布鲁姆的经典阅读理论

哈罗德·布鲁姆，美国当代著名文学教授、"耶鲁学派"批评家、文学理论家，曾执教于耶鲁大学、纽约大学和哈佛大学等知名高校。布鲁姆教授关于经典阅读的理论著作，主要见于《影响的焦虑：一种诗歌理论》（1973）、《西方正典》（1994）、《如何读，为什么读》（2000）等著作当中。

所谓"正典"（Canon），在西方有"宗教法规""传世之作""经典"等意。布鲁姆教授在《西方正典》[①]中用"Canon"来代表经典，并选择西方历史上26位被他认定为大师的作品，谓之"西方正典"，进行串讲、赏析和评论。这26位大师是：但丁、乔叟、

图1-3 《西方正典》，哈罗德·布鲁姆
著，译出版社出版

---

①〔美〕哈罗德·布鲁姆.西方正典：伟大作家和不朽作品 [M].江宁康，译.南京：译林出版社，
2011.

莎士比亚、塞万提斯、蒙田、莫里哀、弥尔顿、约翰逊、歌德、华兹华斯、奥斯汀、惠特曼、狄金森、狄更斯、艾略特、托尔斯泰、易卜生、弗洛伊德、普鲁斯特、乔伊斯、伍尔芙、卡夫卡、博尔赫斯、聂鲁达、佩索阿和贝克特。他主要从文学批评家的视角来界定：什么是经典，经典的特征，经典是如何产生的，以及我们在阅读经典时应该抱有什么样的精神。他认为阅读上述大师的经典作品的真正作用是增进内在自我的成长。

布鲁姆教授认为，莎士比亚构成了一切西方正典的标尺。他认为一部作品得以进入"正典"之列，需要具备某种"陌生性"

图 1-4 《如何读，为什么读》，哈罗德·布鲁姆著，译林出版社出版

（strangeness，其实还是台湾译本的译法"疏异性"更准确）。陌生性是文学作品赢得正典地位的原创性指标之一。布鲁姆教授强调经典的陌生性和影响的焦虑，突出经典的的原创性。布鲁姆教授在《如何读，为什么读》中，提出深度阅读和阅读经典是为了"寻找一种有难度的乐趣"，[①]认为相对于"有难度的乐趣"，更高级的乐趣依然是"读者的求索"。

第三节　当今中国经典阅读推广的组织和阵地

经典阅读推广研究和实践，逐渐走向成熟的一个重要标志，就是经典阅读推广阵地的基本建立，并出现了一些比较成熟的品牌活动。为了帮助经典阅读推广人对此有进一步了解，我们将主要介绍经典阅读推广相关的专业学会及团体，图书馆和学校等重要阵地及其品牌活动。

---

① 〔美〕哈罗德·布鲁姆. 如何读，为什么读 [M]. 黄灿然，译. 南京：译林出版社，2011：14.

一、图书馆

当今国内的各类图书馆都非常注重阅读推广，特别是在经典阅读推广方面，取得了不少成绩，形成了一些品牌和特色。本讲以图书馆经典阅览室为品牌案例做简要介绍。

2008 年，北京大学王余光教授在深圳图书馆开讲《中国阅读的传统与使命》，他认为，要进行素质教育就必须重视传统经典的阅读。因为经典阅读是对传统的继承，可以增长人的情趣，提高人的语言表达能力。经典阅读是成为知识分子精英的条件之一。为此，他郑重建议各地图书馆增设"经典阅览室"，为广大读者提供方便。①图书馆在推广经典阅读方面，具备多方面的优势。首先，图书馆的图书资源丰富，为遴选和汇集经典图书提供了资源保障。其次，图书馆可以拓展阅览空间和设备资源的价值，在现有或者新建阅览空间的基础上，利用图书馆的整体空间和阅览设备等资源优势，能够较快实现经典阅览室的建设。第三，图书馆的馆员在资源的深度挖掘和深化读者服务等方面，可以凭借经典阅览室这个平台的建设，为图书馆的发展做出更大贡献。第四，图书馆的经典阅览室建设，既是图书馆整体资源和空间结构以及服务功能的一部分，也是图书馆服务的一种特色和创新。

安徽大学图书馆馆长储节旺认为，推广经典阅读，高校图书馆义不容辞："高校图书馆是为教学和科研服务的信息服务机构，具有文化传播和教育的职能，在大学生的人文素质教育中承担着重要的职责。在大学本科教育转向培养通识人才的趋势下，在大多数青年忽视阅读经典文献的现实中，拥有丰富经典文献资源和良好阅读环境的高校图书馆可以积极推动设立经典阅览室。经典阅览室让经典阅读推广能够落地生根，成为推进高校经典阅读的基地。"②

据了解，目前，国内很多不同类型的图书馆，都已经建成或者正在建设经典阅览室，例如深圳图书馆、西南大学图书馆、安徽财经大学图书馆、安徽大学图书馆等。据了解，在国外很多大学图书馆也专门设有经典阅览室，例如牛津大学的 Bodleian 图书馆、芝加哥大学的 Joseph Rigen Stein 图书馆和许多大学

---

① 王光明.建议图书馆设"经典阅览室" [N].深圳商报，2008 – 04 – 24（C02）.
② 柳霞.在哪儿阅读经典？ [N].光明日报，2014 – 12 – 02（15）.

图书馆都设有专门的经典阅览室，专藏一些希腊、拉丁文的古代精品，历史、哲学、神学方面的典籍。这些经典阅览室都有固定的开放时间，并且有专职的馆员负责管理咨询、宣传和推广。①对于将要或者尚无计划建设经典阅览室的各类图书馆，如果需要了解具体如何设计和建设好经典阅览室等问题，请进一步参考本书第三讲相关内容。

二、学校

学校以教书育人为本，教人读书也是一门学问，比如教学生读什么书、如何引导学生读经典等都是学校教育的重要任务。中西方国家都非常重视在学校教育中推广经典阅读教育。

西方国家的学校教育非常重视经典教育。以美国为例，现代美国"经典教育"一词起源于哥伦比亚大学名著讲读课程，此后通过名著运动等的推动逐渐成为美国高等教育的重要组成部分。美国经典教育被纳入大学学术体制内，起源于哥伦比亚大学约翰·厄斯金（John Erskine）教授1919—1920年开设的名著讲读课程——"通识荣誉课程"（General Honors Course）；同时，这也被视为现代美国组织化的经典教育的起源。厄斯金教授为了恢复西方自由教育传统，强调跨学科学习，开具了"西方文明名著"（Classics of Western Civilization）的书单，并要求学生每周读一本（英语翻译版）。这份书单中包含的著作大部分是西方文学名著。②如果说经典阅读在美国中学阶段属于提高性质的精英教育的话，在大学阶段则属于普及化的通识教育。据王晨统计，在高等教育领域，"目前在美国大约超过40所大学和学院设有各种形式的名著课程或教育项目，包括哥伦比亚大学、芝加哥大学、密歇根大学、圣母大学、波士顿学院、西雅图大学和一些小型学院等。其中圣约翰学院和托马斯·阿奎那学院等四所学院则提供本科四年的全名著课程"。③

中国的学校教育也越来越重视经典阅读教育。以高等教育为例，2003年11月10日—21日，清华大学、东南大学、华中科技大学在首届人文教育高层论坛上发出《关于在高等学校进一步开展文化经典阅读活动的倡议书》：希望中国

---

① 柳霞. 在哪儿阅读经典？ [N]. 光明日报，2014 - 12 - 02（15）.
② 王丽丽. 经典教育研究与经典阅读推广 [J]. 大学图书情报学刊，2014（6）：24 - 27.
③ 王晨. 西方经典教育的历史、模式与经验：以美国为中心的考察 [J]. 教育学报，2012, 8（1）：22.

高校师生阅读文化经典，提高文化品位。2005 年 6 月 18 日到 20 日，主题为"中国大学的人文教育"的首届"中国文化论坛"召开。在此次论坛上，许多学者提出大学人文教育应该改革"概论、原理＋通史"的模式，转变为研读古今中西原著经典的方式。2006 年 4 月 14 日至 17 日在上海大学举行了"中文学科通识教育改革——中国古代文学教学与研究研讨会"，与会专家与学者认为文学学科教学要打通文学学科与其他学科的教学，以培养全面发展的人，呼唤教学者对文学原典的回归，强调经典阅读、广泛阅读传统典籍原作等。武汉大学历史学教授郭齐勇多年来一直提倡经典阅读，他认为不但儿童要读一些中国的经典，成人也应适当读一些，至少大学生应当读。他要求所带的博士生必须过经典关，并且把"四书"及《老子》《庄子》《史记》《汉书》《诗经》《楚辞》等列为武汉大学人文学本科生的必修课。他还建议大家读原著，认为原创的经典有广阔的诠释空间[①]。2007 年 7 月，"全国首届文化素质通识教育核心课程讲习班"在清华大学开办，共招生 200 余名，开设 5 门课程，其中四门是经典研读（两门中国经典，两门西方经典），除讲课以外，同时开设小班讨论。次年 6 月，"第二届文化素质通识教育核心课程讲习班"开课，共招生 300 余名，课程设置同第一届，阅读内容除原先的人文学科又增加了自然科学、社会科学。而复旦大学，早在 20 世纪 80 年代就提出培养文理兼通的复合型人才，并在 2005 年成立复旦学院专门做通识教育，下设有克卿书院、任重书院、步德书院、腾飞书院等四个书院，并开设有文史经典、哲学智慧、文明对话、科学精神、生命与生态以及艺术创作与审美等 70 余门课程。在中山大学，2009 年由学者甘阳操刀制订的中大通识教育课程计划实施，中大珠海校区近 5000 名新生重读中国文明、全球视野、科技、经济、社会、人文基础与经典阅读等课程[②]。

三、专业学会及团体

（一）经典阅读推广委员会

经典阅读推广委员会，是中国图书馆学会阅读推广委员会的 15 个专业委员

---

① 化月凡. 对大学人文教育中经典阅读的理论审视 [D]. 武汉：华中科技大学. 2007：13.
② 王丽丽. 经典教育研究与经典阅读推广 [J]. 大学图书情报学刊，2014（6）：24－27.

会之一。其使命是让广大读者通过阅读经典图书，广泛了解全人类所创造的灿烂文化，提高全民素质，同时加深对中华五千年文化的认识，增强民族自豪感和自信心。①

该委员会的成员既有来自高校、从事阅读推广理论研究的专家，也有来自高校图书馆、公共图书馆、基层图书馆的具体从业者，希望通过理论研究与实践相结合，促使经典阅读为更多的人所接受，让更多的读者通过经典阅读找回阅读习惯，感受阅读所带来的正能量。从理论推动上看，该委员会的部分委员通过面向高校、图书馆或者党政机关开展阅读推广和经典阅读的讲座、在报刊上发表文章呼吁、研究策划并出版相关专著，进行经典阅读的理论造势，宣传阅读经典的价值和意义，强化人们阅读经典的意识。而图书馆界的从业者，则通过图书馆本身硬件和软件的建设、完善来营造经典阅读的条件，把理论付诸实践。

中国图书馆学会经典阅读推广委员会成立后，每年召开工作会议并讨论经典阅读推广的理论和实践问题。2010 年 7 月 22 日至 25 日，经典阅读推广委员会 2010 年工作会议，在宁夏回族自治区首府银川市召开。学会领导、参会委员及与会嘉宾积极发言，商讨举办以图书馆与经典阅读推广为主题的学术研讨会等事项，并重点讨论了经典阅读推广委员会"十二五"规划项目《中国经典古籍版本鉴赏集成》《中国少数民族原典鉴赏集成》两书的编纂问题，为今后委员会的工作开展进行了比较全面的部署，有力地保障和促进了经典阅读活动在全国的深入推广和发展。2011 年 8 月 23 日至 25 日，由经典阅读推广委员会等单位承办的"图书馆与经典阅读研讨会"在承德召开。2012 年 6 月 13 日至 15 日，经典阅读推广委员会 2012 年工作会议在江苏省江阴市召开。委员会主任吴晞在会上讲道："阅读推广不仅仅是我们的某个专业工作，它关系到世道人心，民风民智，文化传承，人文素养，甚至还关系到我们子孙后代的成长。缘此，我们必须要有强烈的社会责任感和历史使命感，要积极努力，使广大人民群众在创造物质财富的同时，通过读书而拥有丰富高尚的文化生活，营造一个学习型的书香社会。"他进一步指出，"阅读推广首先是经典的阅读推广，离开经典，遑

---

① 经典阅读推广专业委员会.委员会介绍 [EB/OL]. [2015 - 06 - 26].http://www.lib-read.org/committeeshow. jsp？ id=49.

论阅读！"与会人员一致认为，经典阅读是阅读推广的核心所在，如何丰富经典阅读的内容与形式、打开新局面是一个重要课题。许多委员建议在推广手段方面可以更为多元化，如使用微博、QQ群、豆瓣网，运用各种现代化媒介，充分发挥网站的作用，推出经典书目和经典名著的电子图书。应该充分发挥每个委员的作用，借助每个委员所在的图书馆和单位的力量，策划并开展经典阅读的展览和宣传。应该努力打造经典阅读推广委员会这一品牌，使之产生更大、更为广泛的社会影响，让全社会都知道经典阅读推广委员会在行动。2013 年 10 月 18 日，由中经典阅读推广委员会、青少年阅读推广委员会主办，贵州省凯里学院图书馆承办的"西部大学生经典阅读推广论坛"，在贵州凯里学院隆重举行。

（二）中国阅读学研究会

1991 年 5 月，在重庆师范学院成立了"中国写作学会阅读学专业委员会"（习称"中国阅读学研究会"，China Reading Association，CRA），作为专门从事中外阅读基础理论研究和交流及教学实践以及国民阅读促进和指导活动的学术团体，系"国际阅读协会"（IRA）的团体会员。[①]中国阅读学研究会的宗旨是，通过整合中外各种阅读媒体与载体，规划指导和积极推行全民阅读活动，推进和强化古今阅读学理论的研究与教学工作，为社会各界人士广泛甄选和推广优质读物资源，引领时代阅读潮流，广泛传播阅读文化，传播图书文化知识，以提高全民的阅读能力和人文素质，为实现国家发展战略提供高素质的人才资源，共同促进社会主义阅读文化的发展。其中甄选和推荐优质读物资源即经

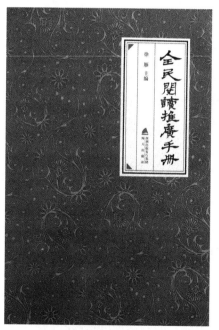

图 1-5 《全民阅读推广手册》，徐雁主编，海天出版社出版

---

① 徐雁，陈亮 . 全民阅读参考读本 [M]. 深圳：海天出版社，2011：62.

典阅读推广的重要工作。中国阅读学研究会主办并形成了以"华夏阅读论坛"为品牌的系列活动。2011 年 8 月 26 日至 28 日，2011 华夏阅读论坛之"地方文献建设与乡土文化阅读"研讨会，在浙江省海宁市图书馆举行。这是一次讨论乡邦经典文献阅读的盛会。

第四节　经典阅读推广的意义

经典阅读推广的理论研究与实践工作，无论从宏观的视角，还是微观的角度，都有着非常重要的意义。

一、宏观的视角

首先，国家政策层面的需要，经典阅读推广是实现文化强国与中华民族伟大复兴中国梦的战略需要。

2011 年 10 月 18 日，中国共产党第十七届中央委员会第六次全体会议，审议通过了《中共中央关于深化文化体制改革推动社会主义文化大发展大繁荣若干重大问题的决定》，其中最大的亮点是国家提出建设"文化强国"的长远战略。2012 年 11 月，中共中央历史性地将"开展全民阅读活动"，写入中国共产党第十八次全国代表大会报告，将"开展全民阅读活动"纳入社会主义文化强国建设战略之中，为全国各地推动全民阅读活动注入了强劲动力。2014 年 3 月，十二届全国人大二次会议，首次将"倡导全民阅读"写入《政府工作报告》。这都说明党中央和国务院高度重视开展全民阅读活动。全民阅读是更新知识、传承文明、提高民族素质的基本途径，许多发达国家都把它作为提升软实力的重要措施，通过国家行为强力推动。经典阅读推广是"开展全民阅读活动"的有力实现途径之一，是将已铺开的全民阅读活动推向精致深刻的有效路径，是文化强国战略与中华民族伟大复兴中国梦的战略需要和实现路径。

其次，文化发展层面的需要，经典阅读推广是社会文化发展与时代精神塑造的需要。

中国社会的现代化进行到现在，物质文明之丰富已经到了相当的程度。但是，精神文明建设相对滞后。长期急功近利的思维方式，在读者与图书之间形成一道深渊，这已经严重阻碍了个体的成长和民族气质的养成。没有个人的文明素质，也就不可能有民族和社会的高贵品格，更不用说"大国崛起"和"文明复兴"了。彷徨的国人亟须摆脱这种囹圄之陷，积极反思如何摆脱道德崩溃的噩梦。阅读经典可以净化人的心灵，完善人的人格，提升人的素养，凝练民族的气质，推进社会文化发展，塑造文明高贵的时代精神。因此，开展经典阅读推广活动的意义十分重大。

第三，事业和产业发展层面的需要，经典阅读推广是图书馆事业和出版业发展的有效动力源泉。

当今图书馆事业和出版业发展，同样面临信息技术革新带来的冲击与影响。诸如数字图书馆与数字出版的迅速发展，电子图书与网络阅读的泛化，都在不同层面给传统的图书馆事业和出版业发展带来新的挑战。面对挑战，我们认为天不变道亦不变，无论如何变革，人类社会对经典阅读的需要在本质上并没有改变。《人民日报》刊文《世界出版大国陷阅读尴尬》[1]，分析认为：中国每年出版图书30万种，已是当之无愧的世界出版大国；但平均到每个人的身上，我们的购书量只有发达国家的几分之一甚至十几分之一。如何进一步激发和扩大图书消费，不仅事关中国能否由出版大国向出版强国转变，更关系到全民族的文化素养。出版图书是为了阅读，图书馆是经典阅读推广的主要阵地。因此，作为阅读链上游的出版业和作为阅读链下游的图书馆事业，都应该从经典阅读推广着手，合力达成一举两得、一弹多功的效果。

二、微观的角度

首先，经典阅读推广是促进读者获取知识的重要途径。

众所周知，人类获取知识的途径有很多，有直接经验，有间接吸取，阅读是人类获取知识的一项重要途径。由于一些读者存在某种程度的阅读障碍，包括阅读意愿和阅读能力等方面的问题，特别是一些读者在阅读文献的选择等方面存在困惑。经典阅读推广工作应从读者的角度出发，围绕相关问题，帮助读者解决这些困扰和问题，最终促进读者获取需要的知识。同时，经典阅读推广

---

[1] 张贺. 世界出版大国陷阅读尴尬 [N]. 人民日报，2011－04－08（17）.

工作人员负责向读者推荐经典读物，在知识获取的道路上，为读者竖起一座灯塔，发挥指明方向和导航的实际作用。本书将介绍一些经典阅读推荐书目，帮助图书馆工作人员及读者了解和利用工具书查找自己需要的图书和内容，帮助其了解版本和经典版本的选择，从而帮助其获取有用的知识。

其次，经典阅读推广是帮助读者自我完善与提升修养的重要途径。

阅读是人类自身拥有的一项重要智能活动，每个人不仅可以通过阅读获取知识，而且可以不断完善自我修养。阅读这项高级智能活动，主要发生在人的大脑等器官当中。作为有思维和意识的读者个体，在阅读的同时，阅读内容与读者个体发生着亲密的接触和联系。经典文献及其内容，在读者的大脑思维里面，发生着更为深刻的激荡与反应。歌德曾有言："读一本好书，就像是和杰出的人面对面。"当下，我们需要重读经典，阅读经典让我们活得更有尊严，虽然时代的物欲横流与诱惑让很多人迷失了自我和丢失了尊严。经典阅读推广帮助读者在自我完善的道路上，更加直接并且积极正向，促进读者与经典文献的接触，催化读者与经典文献的"反应"，最终帮助读者有效地提升自我修养和完善自我。

第三，经典阅读推广是帮助读者节省时间和提高效率的重要途径。

"吾生也有涯，而知也无涯"（《庄子·养生主》），人生不是可以无限延长的，所以面对无穷无尽的知识，我们的最佳策略是获取知识的精华，阅读经典就是获取知识海洋中精华部分的有效、便捷途径。有限人生只能在无限图书中读有限的书，所以选择经典和推荐经典是最优的理智做法。经典阅读推广的宗旨就是帮助读者选择经典和阅读经典，通过高效地选择经典和有效地阅读经典，读者将节省宝贵的时间，阅读效率将会得到提高，这，也可以说是对读者生命的最好尊重方式之一。所以，经典阅读推广的意义十分重要。

思考题

1. 请简要谈谈对经典图书的认识。

2. 请简要阐述国内外经典阅读的理论成果。

3. 如何理解经典阅读推广的意义？

第二讲

经典阅读的意义和经典的选择

王余光[*]

坐在图书馆那明净宽大的玻璃窗下，阳光柔和地洒落在书桌上，或听着外面雨点滴落在树叶上的声音，我们不仅感受着经典的魅力，也在体悟着时空的静谧。今天，我们阅读传统经典，不仅是为了获取知识，也是为了文化的传承与发展。这或许是完善自我的最好途径。

第一节 何谓经典：
需要具备影响力、历史性和广泛性三个因素

说起阅读经典，首先就会碰到"哪些作品可以称为经典"这个问题。其实，所谓"经典"并没有定论。

六十多年前，朱自清写成《经典常谈》，他所说的经典，相对于儒学的"经"而言，是广义的：包括群经、先秦诸子、几种史书、一些集部。要读懂这些书，特

---

* 王余光，北京大学信息管理系教授，博士生导师。主要研究领域为图书馆史与文献学，著有《中国历史文献学》《阅读，与经典同行》等，主编《影响中国历史的三十本书》《中国读书大辞典》等。

别是经、子，得懂"小学"，就是文字学，所以《说文解字》等书也是经典的一部分。

当代学者龚鹏程在《经学概说》一文中，讨论经典之所以成为经典时说：一方面是经典本身的原因，因它具有真理，足以启发后人，故为人所尊崇，视为恒经，乃不刊之理论；另一方面，它也形成于圣典崇拜之中。在经典化及其竞争关系里，某些书虽然也很重要，但未被经典化；某些书，原亦平常，却在某一历史条件下经典化了。

先贤时哲所言，予人颇多启迪。

我们常说的经典，是指那些具有重要影响的、经久不衰的著作，其内容或被大众普遍接受，或在某专业领域具有典范性与权威性。

如果我们不讨论专业经典，仅就一般意义而言，那么经典具有三重特性或三要素。

一、影响力

影响力体现了作品内容的吸引力。那些成为经典的作品，无不在一定领域具有重要影响力，如《周易》《孙子兵法》等。当然，影响力分积极的与消极的，也有长期的与短暂的。那些"影响一时"的作品可称之为名著。而影响力，应当说并不完全出自作品的自身，或者说绝对自然发生的影响力是不存在的。我们每个人的阅读都受到很多因素的影响，如政治形态、家庭、个人的素质和兴趣、老师与同学、环境以及广告，等等。

二、时间性

一部作品，或许可以影响一时，或许在某一特定的时期被人顶礼膜拜，但时过境迁，很快就被人们遗忘或抛弃。而经典，需经得起时间的检验，需经久而不衰。也就是说，一切著作，若要成为经典，我想它必须要经得起历史的考验。

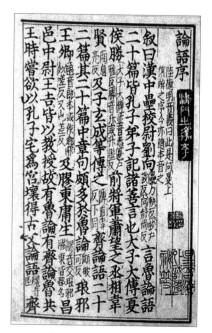

图 2-1　宋代刻本《论语》

三、广泛性

我所理解的经典（非专业领域的经典），必须是广泛的，即它所讨论的问题是人们所普遍关心的，是大家普遍接受的。比如《诗经》《论语》《史记》《三国演义》，等等，它们的内容是广泛的。《诗经》三四千年以来，它讨论的话题我们今天仍然关心，有不少诗在今天还成为流行歌曲，像邓丽君唱过的《在水一方》等。

我想说，这三点，也就是影响力、时间性和广泛性，大概就是经典所需要具备的因素。

第二节　中国人的阅读传统：经典崇拜

中国悠久的阅读历史，形成了丰厚的读书传统，这种传统的积淀与承继，对后世读书人有着重要的影响，读书人在心理上和阅读的价值取向上无不受其支配。中国阅读传统的一个重要内容，是阅读的思想与方法；然而阅读的目的与动力还有着强烈的现实需求，这种需求深刻而广泛地影响着读书人的阅读价值观。

首先，"学而优则仕"。从孔夫子提倡读书做官到《大学》中阐发的修身、齐家、治国、平天下，从隋代初年创科举制度到宋代流传的"书中自有黄金屋"、"书中车马多如簇"等，都鲜明地体现出：读书以致富贵。这一传统是中国文化传统和价值观中的重要组成部分，对中国文化的发展有着不可低估的影响。

其次，勤学苦读。在中国阅读史上，勤学苦读的感人事例层出不穷，如"悬梁刺股""凿壁偷光""囊萤映雪""韦编三绝"，等等，这些故事曾激励过数千年来读书人发愤攻读，积极进取，其影响至今犹存。

第三，对文本的尊重。过去的读书人，往往都是藏书人或抄书人。印刷术在我国发明得很早，但印本书籍的流传仍不是很普及。宋代的雕版印刷术虽然已经流行，但印出的图书品种不是很多，或仅限于一些经史名著。在 11 世纪初期，《史记》《汉书》等，一般读书人还要靠手抄。古代中国读书人的抄书，是一种很普遍的现象。过去的学者认为，好书当抄，抄书有益，抄书也是一种读书与学习的方法。书既不易得，读书人对书的敬重与珍视是可想而知的。清代藏书家孙从添所著的《藏书纪要》中的一段记叙，颇能反映读书人的一般心态。他说：

> 且与二三知己，与能识古本今本之书籍者，并能道其源流者，能辨原板翻板之不同者，知某书之久不刷印、某书之止有抄本者，或偕之间访于坊家，密求于冷铺，于无心中得一最难得之书籍，不惜典衣，不顾重价，必欲得而后止。其既得之也，胜于拱璧。即觅善工装订，置之案头，手烧妙香，口吃苦茶，然后开卷读之，岂非人世间一大韵事乎？

书不仅因贵重而受读书人珍视，同时，书也是读书人生活中不可缺少的组成部分。明代一学者曾说：可无衣、可无食，不可以无书。衣食本是不可无的，这里只是想表明书的重要。读书人常常嗜书如命，并从中获得乐趣。在读书人尊重文本的基础上所构建的私人阅读空间，书房的内外环境，买书、藏书、借书、抄书、读书的过程，某些读书人的如痴如疯，正是中国阅读史中最具特色和感人的篇章。

书籍是读书人生活的重要组成部分，在书籍中，经典又具有其重要而特殊的地位。在读书人心目中，经典具有力量，经典或阅读经典具有重要的象征性意义。唐代魏征在《隋书·经籍志序》中，对经典的力量与象征意义做了极为精彩的概括，他认为：经籍是圣贤智慧的结晶，可以用来领悟宇宙的奥妙，探究天地、阴阳的消息，端正世间的纲纪，弘扬人类的道德。经籍显则可救济世人，经籍藏则可独善其身。读经籍可令人进步，否则就会落后。成大业者能推崇经籍，则将有令人敬重的光明德性；普通人能以经籍为念，则将为世人所重。统治者若要树立政声、显扬德威、敦励教化、移风易俗，哪有不从经籍而来呢？！

首先，经籍是知识的宝库，古今中外的读书人，在这方面都持有相同或相似的看法。苏轼在《李氏山房藏书记》中说：经籍是取之不竭、用之不弊的，人的天分不同，贤或不肖，读书都会各有所获。英国哲学家波普尔曾说：假使我们所有的机器和工具，连同我们所有的主观知识都被毁坏了，然而，只要图书馆和我们从中学习的能力依然存在，我们的世界就会重新前进的。经籍贮存知识，并为人们的创造提供基础。

其次，在中国科举时代，经书，特别是四书五经，再加上朱熹的注解，一直成为科举的最重要的教科书，成为读书人踏入官场的阶梯。千余年间，读书人无不深受其影响。

第三，经籍有助于甚或影响着国家的治理——我们现在是否能同意这一看法并不重要，至少我国古代学人是这样看的。司马迁在谈到《春秋》时说，《春秋》明辨人事经纪，判别嫌疑、是非、善恶，以宣扬王道，是一部政治、百官之大法，人伦、礼义之大宗，有国者、为人臣者，都不可不知《春秋》。司马光撰《资治通鉴》，并不是一般意义上的著书立说和史学研究，而是极具政治目的的。他在给皇帝的《进资治通鉴表》中称：该书"专取关国家盛衰，系民生休戚，善可为法，恶可为戒者，为编年一书"。又说，通过此书可"鉴前世之兴衰，考当今之得失，嘉善矜恶，取是舍非，足以懋稽古之盛德，跻无前之至治"。《资治通鉴》成为治理国家的一面镜子，颇受当朝皇帝的赏识，对后世皇帝及大小官员也有很大影响。即便在 20 世纪，有些人认为该书也是公务员必读之书。

第四，经籍有益于国家的治理、信仰的确立和教化的形成。

第五，经籍或读书具有象征意义，从某种程度上来看，它体现了一个人的地位、权力或特征。读书会使一个人更有教养——至少会使一个人看起来"像"有教养。我们在电视上常常看到，一些被采访的人物常常坐在大书架的前面，这不正说明书是极具象征意义的吗？哪怕这些被采访者根本不读书，或根本没时间读书。当然，从阅读史的角度看，我们更希望书不是象征物，而应该是读物。

第三节 百年来学人回答：为什么要读经典

在中国，随着西学的引进，科举制度的废弃，传统经典与读书人愈行愈远。五四运动前后，新教育制度的确立和白话文的推行，青年学生，特别是中小学生，已不把传统经典作为主要读物了。当时，有学者甚至说要把线装书扔到茅厕里去。因而，为什么要读经典，在那个时代就已被提出。近一百年来，这一问题常常被人们提起。

一、为什么要读经典：梁启超的回答

1923 年，梁启超在撰写《国学入门书要目及其读法》的同时，还写了一

篇《治国学杂话》的文章。在这里，梁氏就为什么要阅读传统经典，提出了两层意见。

一是，作为中国学人，就有必要读一些中国传统经典。他在《最低限度之必读书目》后的附言中说："以上各书，无论学矿学、工程学……皆须一读，若此未读，真不能认为中国学人矣。"[1]

二是，梁氏认为，不仅需要阅读必要的经典，对那些"最有价值的文学作品"和"有益身心的格言"，还需要熟读成诵。他说：

好文学是涵养情趣的工具，做一个民族的分子，总该对于本民族的好文学十分领略，能熟读成诵，才在我们的"下意识"里头，得着根底，不知不觉会"发酵"。有益身心的圣哲格言，一部分久已在我们全社会上形成共同意识，我们做这社会的分子，总要彻底了解他，才不至和共同意识生隔阂。一方面我们应事接物时候，常常仗他给我们的光明。[2]

那些传统经典中的好文学，浇溉和滋养着我们的心灵，使我们有涵养与情趣；而圣哲格言，在为人处世方面，给我们以指引，使我们不致陷入困惑的黑暗中。在 20 世纪 90 年代，经过多次动荡的中国教育界，多少已意识到梁启超的深意，开始强调学生的素质教育。

二、为什么要读经典：鲁迅的回答

1925 年，孙伏园在自己主持的《京报副刊》上，发出"青年爱读书十部"与"青年必读书十部"的征文启事。对于"青年必读书十部"征文，当时有 70 余位学者、作家应征。

1925 年 2 月 21 日，《京报副刊》刊出鲁迅的答卷。在"青年必读书"一栏中，鲁迅说："从来没有留心过，所以现在说不出。"在"附注"中，他又说：

我看中国书时，总觉得就沉静下去，与实人生离开；读外国——但除了印度——书时，往往就与人生接触，想做点事。

中国书中虽有劝人入世的话，也多是僵尸的乐观；外国书即使是颓唐和厌世的，但却是活人的颓唐和厌世。

---

[1] 梁启超 . 国学指导二种 [M]. 北京：中华书局，1936：21.
[2] 梁启超 . 国学指导二种 [M]. 北京：中华书局，1936：26.

我以为要少——或者竟不——看中国书，多看外国书。

少看中国书，其结果不过不能作文而已。但现在的青年最要紧的是"行"，而不是"言"。只要是活人，不能作文算什么大不了的事呢。

鲁迅的观点发表后，引起很大争议，也遭到不少人的批评。在今天，他的观点也难为大多数人接受。

三、为什么要读经典：唐文治的回答

1934 年，《教育杂志》主编何炳松向全国教育界征询"读经"的意见。次年五月，《教育杂志》将收回的 70 余篇文章以专辑的形式推出，其中收录时任无锡国专校长唐文治的意见。唐文治说：

窃维读经当提倡久矣！往者英人朱尔典与吾华博士严幼陵相友善，严尝以中国危亡为虑，朱曰：中国决不至亡。严询其故，朱曰：中国经书，皆宝典也，发而读之，深入人心。基隆肩固，岂有灭亡之理？余谓朱说良然。吾国经书，不独可以固结民心，且可以涵养民性，和平民气，启发民智。故居今之世而欲救国，非读经不可。

在唐文治看来，经书为国家的根基，可以团结人民、提高素质、开发智慧，创造和谐社会。

四、为什么要读经典：朱自清的回答

1942 年，在西南联大任教的朱自清，写成《经典常谈》，以求能启发读者的兴趣，引导他们到经典的大路上去。此书后来多次出版或重印。这部书开列了十余部经典，《说文解字》第一、《周易》第二、《尚书》第三、《诗经》第四、三礼第五、《春秋》三传第六（国语附）、四书第七、《战国策》第八、《史记》《汉书》第九、诸子第十、辞赋第十一、诗第十二、文第十三。作者在《序》中说：

在中等以上的教育里，经典训练应该是一个必要的项目。经典训练的价值不在实用，而在文化。……再说做一个有相当教育的国民，至少对于本国的经典，也有接触的义务。

由朱自清的"文化"二字，可见 60 多年前，中国的知识分子就已经意识到中国文化受西方文化冲击的问题，担心中国人走向世界时会忘掉本民族的文化。中国文化如何传承的问题，在当时就已经是很重大的问题了，一直持续到现在

仍然存在，不仅没有得到解决，而且矛盾更尖锐更危急。我们现在的青年人，更加消极地对待这个问题。可能很多人会说，这跟我有什么关系？我不必承担如此沉重的历史责任。但如果我们每个读书人都不承担这样的历史责任，那么这个文化将会中断以致彻底消退。如今青少年所喜欢的东西，都不是中国自己的东西，他们喜欢吃的快餐是肯德基，他们喜欢看外国的大片，他们喜欢玩外国的电脑游戏。这就是一种文化上的"消退"。

作为这个民族的知识分子，自有着传承民族文化的责任。60多年来，《经典常谈》也成了人们习读经典的经典。

五、为什么要读经典：钱穆的回答

1978年，香港中文大学新亚书院设立"钱宾四先生学术讲座"，请84岁高龄的钱穆做了《从中国历史来看中国民族性及中国文化》系列讲座。在讲演中，钱穆指出：有七部书是"中国人所人人必读的书"。他说：

我们今天一个知识分子，一个读书人，应该读四部书：第一部是《论语》，第二部是《孟子》，第三部是《老子》，第四部是《庄子》。读了这面，还应读那面，这就叫"一阴一阳"。

又说：

这四部书都是古代的。若要再读后代的，则我再举三部。一是禅宗慧能的《六祖坛经》。……第二部是朱子选的《近思录》。……第三部是王阳明的《传习录》。

拿唐朝以下的三部，汇合上战国时代的四部，可成为中国新的《七经》。

钱先生终生致力于中国文化的研究，是一位"对其本国已往历史有一种温情与敬意者"（《国史大纲·凡读本书请先具下列诸信念》，此点曾被猛评）。其所说《七经》，可以说代表了一代国学大师一生的读书经验之所得。

六、为什么要读经典：余英时的回答

钱穆高足余英时，长期在美国大学执教。20世纪末，做《怎样读中国书》，主张读传统经典，提倡"旧书不厌百回读"。该文中有一段话很值得我们思考。他说：

中国知识界似乎还没有完全摆脱殖民地的心态，一切以西方的观念为最后依据。甚至"反西方"的思想也还是来自西方，如"依赖理论"、如"批判学说"、如"解构"之类。所以特别是这十几年来，只要西方思想界稍有风吹草动（主要还是从美国转贩的），便有一批中国知识分子兴风作浪一番，而且立即用之于中国书的解读上面，这不是中西会通，而是随着外国调子起舞，像被人牵着线的傀儡一样，青年朋友们如果不幸而入此魔道，则从此便断送了自己的学问前途。①

七、为什么要读经典：美国人的回答

中国人注重传统经典的阅读，或许源于我们悠久的传统所赋予的与生俱来的情感。然而，在美国，习读经典名著，特别是习读传统经典，同样是受人关注的话题。早在 20 世纪初，哥伦比亚大学就创设了"文学人文"和"当代文明"两门本科生的必修课。前者致力于提供一个欧洲文学名著的标准选目，后者提供一个哲学和社会理论名著选目。这两个目录包含了大量的西方传统经典。40年代，美国许多大学开设了这类课程。直到今天，有一些大学仍继续开设，如哥伦比亚大学与芝加哥大学。一位哥大的校友在谈到母校坚持开设这类课程的原因时说：

学校很清楚地知道，消费主义和平庸趣味的污染从来没有远离过这些经典著作名单。学校试图通过它组织和教授这两门课的方式驱除这种污染。首先，阅读常常是艰涩的，对当代的学生来说尤其如此。这是对西方传统的极度尊崇，而且校方坚持认为它是必要的。……它们应该成为每个人的教养的一部分。②

这位哥大校友名叫大卫·丹比，美国《纽约》杂志的电影评论家。1991 年，他 48 岁，突然回到母校选修"文学人文"与"当代文明"这两门课，重读西方经典。他之所以这样做，主要源于他自身的知识危机。作为一个媒体人，他深感媒体提供大量信息，但信息在 90 年代已成了瞬息万变、十分不稳定

图 2-2 宋代两浙东路茶盐司刻本
《孟子注疏解经》

---

① 余英时.钱穆与中国文化 [M].上海：上海远东出版社，1994：314.
② 〔美〕大卫·丹比.伟大的书 [M].曹雅学，译.南京：江苏人民出版社，2003.

的东西。一个人永远不会得到充分的信息，这就是美国人现在为什么焦虑不安得像半疯了一样的诸多原因之一。20世纪末，媒体威胁着要"全面接管"。他说"我拥有信息，但没有知识"，"严肃的阅读或许是一种结束媒体生活对我的同化的办法，一种找回我的世界的办法"。①

十余年来，随着新媒体技术的发展，电视、手机与网络的普及所造成的阅读冲击，使得人们，尤其是青少年的阅读时间大大减少。因而，读书问题引起人们的普遍焦虑。但另一方面，中国文化的"软实力"问题也被学者们不断提起，试图唤起社会的关注。我个人认为，在全民阅读推广中，特别重视推广传统经典书籍的阅读，正是积蓄和弘扬中国文化"软实力"的必要内涵。

第四节　阅读哪些经典：时间检验出古老文化的精髓

不少读书人都认为：图书典籍浩如烟海，在阅读时会遇到图书的选择与鉴别等问题。为了解决这些问题，人们往往通过书目来了解图书典籍的状况，明晓读书的门径。书目，特别是那些指导阅读性的推荐书目，在我们购书、藏书和读书时可提供重要帮助。

然而，由于受多方面因素的制约，推荐书目往往并不十分公允、准确与客观。

首先，时间方面的因素。读书是时代需求的一种反映，不同时代的读者对读物的选择是不同的。120年前，张之洞编的《书目答问》面世，很受当时学子的欢迎；100多年过去了，今天的一般读者，不会再依据《书目答问》去读书了。而在1924年，章太炎开列的《中学国文书目》，今天也不适合中学生了；书目中开列的《二程遗书》《十驾斋养新录》《申鉴》等书，恐怕学文科的大学生也没有读过。因而，一部好的推荐书目，要能满足所处时代读者的需要。

其次，推荐书目受推荐者的知识与兴趣的影响。1923年，清华一批要出国留学的学生，为了短期得到国学常识，请胡适拟定了一个有关国学的书目。胡适开列了《一个最低限度的国学书目》，选书较多，偏重哲学史、文学史方面，

---

① 〔美〕大卫·丹比.伟大的书[M].曹雅学，译.南京：江苏人民出版社，2003.

史部书一概摒绝，有如《资治通鉴》这样的书亦未入选，当时梁启超就认为胡适这个书目"文不对题"。30 年后的 1953 年，北京图书馆开列了一个《中国古代重要著作选目》，选书 20 种。这个书目是经过郭沫若、俞平伯、何其芳等人审订过的。既然称为"古代重要著作"，那么如《周易》《论语》等哲学、思想方面的著作一本未选，这是很令人困惑不解的。

再次，推荐书目的推荐者受偏见或意识形态方面的影响。1945 年，英国作家奚普选出十本"震撼世界的书"，这里没有中国人的书。1985 年，美国《生活》杂志在数以百万计的读者中，评选"人类有史以来的二十本最佳书"，这里也没有中国人的书。美国图书馆学家唐斯曾写过一本《改变世界的书》，书中选择了从文艺复兴到 20 世纪中叶出版的 16 本自然科学和社会科学图书，其后他又写了一本《自 1492 年以来塑造现代文明的 111 种杰出名著提要》。这两本书都没有收录中国人的著作。在后一本书的《导言》里，作者虽然承认东方的经典，"其中有许多书同样对西方产生了深远的影响"，但这些书还是被"略去了"。另一位美国专栏作家费迪曼曾出版《一生的读书计划》，向 18 岁到 80 岁的读书人推荐了 100 部名著，这 100 部名著也都是欧美人的著作。中国典籍被上述推荐者所忽略，这确实是"世界观的限制所致"。也就是说，这些推荐者是深受"欧美中心论"的影响的。

也许，任何一部推荐书目都不可避免地带有推荐者的主观性和偶然性。然而，对于读者来说，准确、客观地去了解、选择、阅读真正的世界名著，往往是十分必要的。

有鉴于此，我们收集了 80 种中外推荐书目（中国的推荐书目 54 种，外国的推荐书目 26 种），运用了计量的方法，对这 80 种书目所推荐的书进行统计，以各书被推荐次数的多少为序，列出目录。这份书目不带有我们的主观性和偶然性。因而，它在推荐名著方面，应该说更加公允、准确与客观。我想，在这份书目中，推荐次数最多的书，可称之为经典吧。这里面，中外经典著作包括：

一、中国经典著作

（一）四书五经

这类书中，《诗经》《论语》二书被收录的次数最多。自汉以来，两千余年间，这些书对中国政界、学界都有重大影响。这两本书之所以被学者认为是最重要的，还有一个原因是内容、文字简单易懂，而《尚书》《周易》，可不是一般人读得懂的。

《论语》作为孔子的言论记录，一问世就受到人们的推崇，汉代之后，它几乎是每个读书人的必读之书。《论语》经过朱熹的注解后，便一直成为科举考试最重要的教科书，宋、元、明、清几朝的做官人、读书人无不受其影响。纵是科举废除以后，《论语》还是读书人经常诵读的书；今天，该书仍是一版再版，发行量之大是惊人的。书中许多词语，即便是在这白话文的时代，仍被人们在书面上或口头上常常使用。

《诗经》作为古代优秀的文学遗产，具有丰富的思想内容和迷人的艺术魅力，为后代文人墨客所景仰、学习、借鉴，强烈影响着中国文学的发展。《诗经》中民歌和贵族讽刺诗表现的现实主义精神，开创了我国诗歌创作的传统。《诗经》也影响了散文的发展。唐代中期，韩愈、柳宗元发起古文运动，提倡散文，反对骈文，就都把《诗经》的内容与优美艺术形式的统一作为学习的典范，开创了中国散文文学的一个光辉时期。几乎可以说，《诗经》的影响，渗透于我国文学艺术的各个领域。《诗经》不仅是一部重要的文学作品，同时也是一部有史料价值的古代文献。《诗经》中某些诗歌记录了商、周民族起源的传说，商周之际的重大历史事件和周民族早期活动的历史，极有价值，成为《史记》所依据的材料之一。

《诗经》中不少诗非常好懂。其中最晚的诗到现在也有两千五百年，但今天读起来还非常有意思，其情感描述跟我们今天的情感仍很吻合。从《诗经》起，看三千年来中国人的情爱表述：从热情奔放到曲径通幽，从禁闭再到开放。《诗经》成为我们情恋长河之源。我举一个例子，《诗经》中常提到两条河：溱水与洧水，有首诗即名《溱洧》：

溱与洧，方涣涣兮。

士与女，方秉蕑兮。

女曰："观乎？"

士曰："既且。"

"且往观乎。

洧之外，洵讦且乐。"

维士与女，伊其相谑，赠之以勺药。

该诗写于春秋之时的郑国，地点在今河南新郑县，溱水尚存，洧水现名双洎河。这首诗是写在上巳节（夏历三月初三）的时候，青年男女来到溱、洧之畔沐浴嬉戏。他们手拿兰草，又互赠芍药，以表达心中之爱。可以说，三月初三应为中国的情人节，定情之花应为芍药。

（二）前四史与《资治通鉴》

这类书中，《史记》与《资治通鉴》二书被收录次数最多。在传统史籍中，《史记》《汉书》与《资治通鉴》最受重视。

"史家之绝唱，无韵之《离骚》"——这是鲁迅对《史记》的称赞，也是对《史记》在史学和文学史上卓越成就的精辟评价。《史记》可以当小说看，《史记》里的纪、传跟小说一样很通俗，很有情节。《史记》说起来是一本史书，但实际上后来很多文学作品，如电视剧、剧本、小说等，多以它为根据，比如《霸王别姬》等。司马迁忍受腐刑的痛苦，完成《史记》，并希望通过对往事的表述，以寄望于未来，在这里，作者生命存在的意义在著述中得到了升华。中国自古以来有许多文人学士都希望自己的著作能藏之名山，传之后人，然而，蹈常袭故，汗牛充栋之中，又有几部著作可与《史记》堪称伯仲？

《资治通鉴》294 卷，北宋司马光主编。全书记载了上自周威烈王二十三年（前 403），下讫后周显德六年（959）共 1362 年的历史，是中国古代一部著名的编年体通史。

司马光不仅是史学家，也是政治家，他在撰写史书的同时，也希望自己的书能为君主治国提供借鉴。

（三）先秦诸子

这类书中，《老子》《庄子》《荀子》《韩非子》《孙子兵法》被诸家收录次数最多。

道家的著作是很多知识分子晚年读的书，其中《老子》和《庄子》是最具有代表性的。几千年来，老庄的学说与思想延续不断，对中国人的思想有着很深的影响。西汉初年，政治上推行"无为而治""与民休息"的政策，即是以《老子》的思想为其基础的，并带来了文景之盛。东汉，道教产生后，《老子》作为经典，为道教徒所诵习。魏晋玄学家们以祖述老庄立论，将老庄与《周易》合称"三玄"。唐代，《庄子》成为道教的主要经典之一，被尊称为《南华真经》，老子被道教奉为教主，庄子也被神化了。《韩非子》对我们认识中国政治大有帮助，它是一部政治教科书。即便在今天，《孙子兵法》在军事、企业管理方面仍有借鉴意义。《荀子》一书在汉代与《孟子》同列诸子，并颇受学者所重。大概是主张性恶说，故受后儒诟厉，未能列入经书中。然而《荀子》对儒学的贡献和在中国学术、思想界的地位是不可忽视的。冯友兰曾作一个比拟，他说：

孔子在中国历史中之地位，如苏格拉底之在西洋历史；孟子在中国历史中之地位，如伯拉图①之在西洋历史，其气象之高明亢爽亦似之；荀子在中国历史之地位，如亚力士多德②之在西洋历史，其气象之笃实沈博亦似之。

（四）其他子部书

被收录较多的书是：《论衡》《坛经》《颜氏家训》《明夷待访录》。

近代以来，《论衡》一书受到学者们的普遍关注。章太炎认为王充是"汉代一人"，绝未过火。侯外庐等人在《中国思想通史》里对王充做了这样的评价：

王充的反谶纬反宗教的思想，毫无疑问地是中世纪思想史上第一个伟大的"异端"体系，是两汉以来反对"正宗"思想的与反对中世纪的神权统治思想的伟大的代表。

颜之推的《颜氏家训》问世后，一直受读书人的重视，宋、元、明、清历代学者颇多赞誉，认为古今家训，以此为祖，此书在古代中国的家庭教育中，极具影响。黄宗羲的《明夷待访录》被蔡尚思与几家大学书目收录，可见此书受当前学界重视。这部思想史上的名著，对中国两千年的专制制度进行了批判，对中国近代思想启蒙起到了极为重要的作用。

（五）唐宋诗文

2000年元旦，中国青少年发展基金会和国家图书馆联合举办"中华文明火炬传递仪式"，一个重要内容是学生齐诵古典诗词。举办者认为：背诵古诗文，是让民族精神的血液在一代一代人身上流淌，是激活传统、继往开来的有力之举。据最近的调查：73.1%的家长和86.7%的教师认为背诵古典诗文能弘

---

① 如今一般写为"柏拉图"。
② 如今一般写为"亚里士多德"。

扬传统文化；88.7% 的家长和 96.7% 的教师认为对孩子的修养和人格发育有好处；94.2% 的家长和 100% 的教师认为对提高孩子的语言文字能力有好处。以上数据表明，人们对这一问题基本上达成共识：阅读传统经典，对我们传承文化和提高素质是大有裨益的，而那些优秀的古诗文，特别是唐宋诗文，更受人们重视。

（六）其他诗文

《楚辞》《文选》《陶渊明集》《世说新语》被收录次数最多，宋代以后的诗文被推荐的较少。

《楚辞》作为中国文学的源头之一，与《诗经》差不多有着同等重要的地位。大约从西周初年到春秋中叶、春秋末叶以后，流行于黄河流域的诗不再有人续作了；而南方长江流域的楚国，文化渐渐地发达起来，在文学上更有不少建树，这就是楚辞的兴起。正如梁朝刘勰在《文心雕龙·辨骚》中所说：自从《国风》《小雅》《大雅》以后，不大有人继续写《诗经》那样的诗了。后来涌现出一些奇特的妙文，那就是《离骚》一类的作品了。这是兴起在《诗经》作者之后，活跃在辞赋家之前，大概由于离圣人还不远，而楚国人又大都富有才华的原因吧。《楚辞》产生在长江流域，与《诗经》在风格上多有不同。陈耀南在《典籍英华》中，将它们的差异概括为五端：

诗所收作品，多属黄河流域（北），楚辞属长江流域（南）；

诗多写人事、写实、含蓄，楚辞多神话、想象奔放；

诗多短句叠字，以四字为主，楚辞多长句，以五字为干，加虚字以咏叹；

诗各章多重整齐，反复唱叹，楚辞不分章，意或重而语少复；

诗作者多失主名，楚辞多知作者主名。

可以说，《诗经》与《楚辞》同为后世韵文之祖，堪称我国远古先民的绝唱。

（七）古典小说

以《红楼梦》《三国演义》《水浒传》《西游记》为主。

1949 年以前，除胡适书目之外，其他书目均不收录这类小说。在中国，小说是向来不算文学的，并受学者的轻视。可以说，只是从胡适开始，才真正重视小说的研究。胡适写过一系列古典小说的考证性文章，并积极协助上海亚东图书馆出版古典小说的标点本。因此，胡适在他的书目中，推荐了《西游记》《水浒传》《儒林外史》《红楼梦》等。1949年以后，大多数书目都推荐了古典小说，古典小说的影响与日俱增。一次对北京市民的调查问卷结果表明：对被调查者影响最大的中外书籍，《红楼梦》《三国演义》《水浒传》《西游记》分别排名第一、第二、第五、第十，足可表明四大古典小说的影响力。

（八）其他

《说文解字》《左传》二书被收录次数较多。

1949年以前，各书目重视推荐《说文解字》，这是受治学传统，即"读书以识字为先"的影响。因而，朱自清的《经典常谈》第一篇即为《说文解字》，并说：从前学问限于经典，所以说研究学问必须从小学入手；现在学问的范围是广了，但要研究古典、古史、古文化，也还得从文字学入手。《说文解字》是文字学的古典，又是一切古典的工具或门径。

1949年以后，这种治学传统的影响逐渐消失，《说文解字》不再受推荐者重视了。

《左传》一书在古代被列入经部，又长期受到史学家与文学家的重视，一直有着持久与广泛的影响。《左传》记事起自鲁隐公元年（前722），终于鲁哀公二十七年（前468），是我国最详备完整的早期编年史。《左传》详于记事，对春秋各国的政治、军事、外交等都有很好的记载，特别是记载军事，不仅写得很详细，而且很生动。此外，书中对当时的朝聘盟会、天文地理、氏族和少数民族等都有详略不同的记载。《左传》的出现，标志着我国编年体史书已达到比较完备的程度。史学家刘知几、章学诚都把它看作是编年体史书的鼻祖，给予很高的评价。《左传》善于描写人物，烘托场面，经纬史事，是我国历史文学的开山之作，成为后人学习和模仿的典范。

二、外国经典著作

在我们收集的80种推荐书目中：54种中国书目共推荐外国著作800种；26种外国书目，若除去汉学家鲁惟一的《中国古代典籍导读》，其余25种只推荐了中国著作2种（《老子》与《论语》）。对于外国名著，中国推荐者与外国推荐者有不同的看法。就中国书目中推荐的外国著作，依推荐次数的多少，可列出一份《中国推荐者眼中的外国名著》目录，排在前10名的是：

莎士比亚作品

《钢铁是怎样炼成的》（奥斯特洛夫斯基）

《红与黑》（司汤达）

《神曲》（但丁）

《对话录》（柏拉图）

《荷马史诗》

《简·爱》（夏洛蒂·勃朗特）

《社会契约论》（卢梭）

《浮士德》（歌德）

《高老头》（巴尔扎克）

同样，我们也列出了一份《外国推荐者眼中的外国名著》目录，排在前10名的是：

《圣经》

莎士比亚作品

《哈克贝利·费恩历险记》（马克·吐温）

《对话录》（柏拉图）

《战争与和平》（托尔斯泰）

《白鲸》（麦尔维尔）

《草叶集》（惠特曼）

《物种起源》（达尔文）

《随笔集》（蒙田）

《卡拉马佐夫兄弟》（陀思妥耶夫斯基）

以上两个目录，除莎士比亚作品与《对话录》两种相同外，其余8种都不同。中国推荐的10本书中没有美国人的书，外国推荐的10本书中有3本美国人作品（当然，这也与我们所收外国书目的国别不平衡有关）。对法国人，中国推荐者更喜欢司汤达与巴尔扎克，外国推荐者则更喜欢蒙田。同是俄苏作家，中国推荐者欣赏奥斯特洛夫斯基，而外国推荐者则更看重托尔斯泰与陀思妥耶夫斯基。

从以上各类传统经典被推荐的情况来看，不少经典有着持久的生命力，如

《诗经》《论语》《孟子》《史记》《资治通鉴》《老子》《庄子》《荀子》《韩非子》《楚辞》《文选》《左传》等书。有些经典其影响力则随着时代的变化而变化，如《明夷待访录》《古文观止》《唐诗三百首》《说文解字》及古典小说等。从总的方面来看，近百年来，传统经典阅读的基本倾向是从艰深到浅显，从文言到白话，从原本到节本，从专集到选本，体现了传统经典阅读大众化的发展方向。

以上各部经典，都写成于古代，近人或今人的著作都未被选入。这或许从一个侧面反映了中国读书人的一种珍古典重基础的心理。长期以来，中国学人强调辨章学术、考镜源流，这些著作，真正是中国学术之源。而作为经典，是要经得起时间的考验的，这正是明证。

中华民族是一个重古训、尊先法的民族，对前人圣贤的大道理看得特别重。在这样一个民族社会的背景下，结晶着前辈思想的经典，就不仅具有一种狭义的学术意义，同时在政治、思想、文化等方面都发挥着不可估量的影响作用。

在这斑斓的文化园地里，大道名儒，各树一帜；诗词曲调，连峰叠起；每一位哲人的每一部宏著，都构成了这一古老文化的精神实体，并垒起了这一厚重国体的思想基础，塑造着民族的灵魂与性格，也在感召着每一代人自强不息。

思考题

1. 请谈一谈经典需要具备的要素。

2. 如何理解为什么要读经典？

3. 请简要阐述中国有哪些主要的经典著作。

第三讲
经典阅览室及设计

张　浩*

第一节　什么是经典阅览室

　　以经典文献为主配置馆藏或以经典文化推广为主开展活动的图书馆空间就是我们所说的经典阅览室，包括专架、专区、房间、建筑等多种形式。随着近年来图书馆服务方式的日新月异，经典阅览室的服务不再仅仅是藏、借、阅等传统功能的组合，而是依托自身的经典文化（文献）资源，在空间内配置相应的软硬件，开展讲座沙龙、表演互动、电子阅读、科技体验、展览展示等活动，使经典阅览室成为兼具多种功能的文化空间。

第二节　经典阅览室为什么需要引入设计

一、设计的含义

　　广义的设计指的是：把一种计划、规划、设想通过某种形式传达出来的活动过程，其同时包括技术性的创作与创意艺术活动。①具体到经典阅览室的设计，

* 张浩，深圳图书馆学科馆员。重庆商学院装潢艺术设计专业毕业，大学本科。研究方向为文化机构的品牌建设与字体设计，国内外参展获奖 120 余次。

① 百度百科 . 设计 [EB/OL].[2015－06－26].http：//baike.baidu.com/subview/14417/16723110.htm.

一方面包括阅览室的定位作用、位置面积、文献设备等规划，另一方面则包括平面视觉、空间视觉的功能和美学营造。对于前者，我们相对熟悉，本讲将重点梳理后者。

二、设计的重要性

作为一个公共文化空间，图书馆（阅览室）的建设和运营面临着大量诸如装修装饰、家具采购、照明应用、导视导向、书籍陈列、物料宣传、媒体报道等工作，其功能设定和视觉元素的选取，涉及色彩、形体、材质、工艺等多个方面，每一个环节和细节都与设计紧密相关。我们所有的理念、服务和宣传，都要借由这些工作，通过具有感染力的视觉呈现和人性化的空间让读者感受。好的设计，体现馆方的理念和需求，技术和预算恰如其分，表达一定的美学价值，所以设计的重要性不言而喻。

三、VI 对于图书馆的定义和意义

设计工作包罗万象，如果我们只是分别对单个形象个体，从大众审美角度进行考虑，单一元素可能达到了较好的效果，但整合在一起却不一定能获得满意的效果。所以我们不但需要引入设计，还要梳理各种设计工作之间的关系，这就涉及 VI 的概念。

VI（Visual Identity System，视觉形象识别系统）是 20 多年前从国外引入的概念，经过多年发展，已被多数国人所熟悉。由于之前大多数应用 VI 的是经营性的企业，所以大量的文章都是围绕它们撰写的。深圳图书馆是国内第一家完整导入 VI 的大型公共图书馆，多年来也坚持在服务宣传工作和设计实践中应用这一系统。从笔者的经验来看，由于图书馆行业的特殊性，这里有必要针对性地说明一下 VI 的定义和意义。

VI 是指在团体的文化、理念的指导下，运用平面、空间等综合设计手段，用标准、系统、统一的手法，将团体的内在功用和社会定位转换成具体可见的视觉符号，塑造团体的独特视觉形象，并将其传达给团体内部职工和社会大众，使他们对团体产生一致的认同感和价值观。

VI 有统一性、延续性的特点，其设计绝不是可有可无或是装点门面，一个优秀的 VI 设计对图书馆的现在和将来的意义在于：

（1）与其他社会团体明显地区分开来，同时又确立其特有的内在功用和社会定位等重要特征；

（2）对后续的内部装修、家具采购、导向设计、物料宣传等工作提供指导性的意见；

（3）传达其理念和文化，获得公众的注意力并产生记忆；

（4）以富亲和力、形象的视觉形式对外推广宣传图书馆所提供的服务；

（5）对于持续发展和不断前进的图书馆来说，这也是无形资产的一个重要组成部分；

（6）提高内部职工对本单位的认同感，提高凝聚力。

四、经典阅览室引入设计的作用

经典阅览室可以看作是图书馆旗下的一个品牌，甚至可以看作是一处迷你的图书馆。在建设过程中引入设计，能极大地提高服务质量和促进读者阅读，具体来说包括如下内容。

（一）提升品牌，广为传播

经典阅览室所倡导的理念和文化，可以通过视觉形象呈现给大家，美观、统一的设计有利于提升品牌形象，彰显图书馆乃至城市的气质和理念，获得更好的传播效果。

（二）营造氛围，舒适阅读

色彩、光线、材质等空间元素的合理运用，甚至包括听觉、嗅觉、触觉等感官的调动，能营造经典阅览的独特氛围，让读者在空间中获得享受，提高阅读舒适度，产生电子媒介阅读不可替代的优势。

（三）合理配置，多效合一

用发展的眼光合理配置软硬件，能让有限的空间发挥更多的活动作用，保障未来一段时间的业务发展和服务提升。

第三节　经典阅览室的设计内容

按照重要性和完成时间排序，经典阅览室的设计需要重点考虑如下几个方面（这里以深圳图书馆南书房为例）。

一、核心形象

一个经典阅览室的建立，如同机构培育的一个子品牌，广义的 VI 设计包罗万象，所有和视觉有关的项目都可以包含在内、一起规划，其中的核心部分（或叫基础部分）最具指导意义，包括：

（一）标准设计

标准设计包括：阅览室名称、标志（LOGO）图形及释义、标准中英文字体、标准色彩、标准组合等。

阅览室的命名是非常重要的，一个契合理念、朗朗上口、寓意美好的名字能迅速获得大家的认可，并被牢记。如深圳图书馆的经典阅读室得名于深圳位于中国之南，深图又在城市之南，故名"南书房"；而清康熙也设立过同名机构，因此易于大家记忆。

标志设计以前常用图形，随着行业发展和社会变化，标志的外延更为丰富多样，比如图片、字体、特定组合等都可以作为标志。针对经典阅览室，把美观独特的字体作为标志较为合理，原因有二：一是一般来说图书馆已经有标志了，其下设的阅览室可以看作子品牌，子品牌图形标志设计得不好的话会对主品牌有一定的干扰和冲突，采用字体标志个性更为内敛，与图书馆标志放在一起主次分明，协调一致；二是把名称和图形合并，传播时也更为简洁顺畅，读者看到标志时，既可以感受到 VI 个性，同时也能读取信息。很多大品牌都采用了这样的手法。

图 3-1 深圳图书馆标志和旗下的南书房标志并置的版式规范　[设计：张浩]

字体是平面设计中最难的部分，俗话说画鬼易、画人难，因为谁都没见过鬼，但每天都和人打交道，最熟知的事物最考验设计者的功力。中英文标准字体的设计（或选择）首先要符合文字的美感，且不易误读，这是信息表达的需要；此外还应该表现理念、内涵，有一定的图形属性，和标志图形协调融合，成为一个整体。

人的视觉习惯是先判断色彩，然后才是大小和细节，标准色彩的确立能给读者鲜明的视觉感受，起到事半功倍的作用。

标准组合指的是标志图形、中英文标准字体、标准色彩以及其他视觉符号（比如大馆标志）在不同情况下的多种组合方式的规范，为后续的设计工作做好铺垫和规范。

图 3-2 南书房标志横式组合方式 [设计：张浩]　　　图 3-3 南书房标志竖式组合方式
　　　　　　　　　　　　　　　　　　　　　　　　　　　　　　[设计：张浩]

（二）辅助设计

辅助设计包括吉祥物造型、辅助图形、辅助色彩、禁用规则等。

经典阅览室的设计算是较小型的 VI，因此这部分不是必选的。辅助设计包括但不限于以上这几项，可以根据实际情况调整。

吉祥物是一种亲和力较强的宣传形式，在经费充裕和项目合适的情况下可以考虑使用。近年的吉祥物流行趋势是简约、有趣、不一定完全拟人。

辅助色彩和辅助图形在设计时尽量加以运用，它们可以为后续宣传物料等应用部分提供更丰富的素材。

禁用规则与标准组合刚好相反，是标志图形、中英文标准字体、标准色彩以及其他视觉符号一些常见的错误应用及组合方式，提醒后续项目设计师和馆方不要误用。

图 3-4 南书房标准色彩、辅助图形（PPT 标准版式首页）[设计 : 张浩]

图 3-5 南书房辅助色彩、辅助图形（PPT 标准版式内页）[设计 : 张浩]

二、空间

空间设计虽然是在核心形象设计的基础上展开的，但因为其工作量较大，使用者感受最直接，和生活也密切相关，因而是容易受到重视的一个部分。这其中又包含三个层面的内容。

1. 空间功能

这里馆方的意见非常重要，而设计师也需要配合进行。馆方要提供的信息包括 : 理念和风格（核心形象设计）、位置面积、藏书量设定、功能需求、消防要求等，设计师在这个基础上再加入读者流线设定、空间层次规划、疏散线路设定、基础硬件布置等，双方共同讨论确定空间功能分布。

2. 空间营造

也就是我们常说的室内设计。以设计师为主导，包括人与空间、空间与周边建筑及环境关系的思考，整体风格的把握，然后通过色彩、光线、材质、其他技术等综合手段实现对整个空间舒适度和美感的营造。

3. 空间布置

这包括家具选购、饰品搭配、书籍摆放等后续工作。

这部分需要馆方和设计师共同完成。家具特别是书架等属于空间营造的范畴，定制比较合适，能更好地利用空间和实现设计意图，其他阅览桌椅可以根据设计师的意见选购 ; 饰品包括植物、灯具、器物、字画等，也应以设计师的意见为主 ; 书籍的摆放因为涉及藏量和实用，在第一个层面的时候就考虑过了，此处只是一些美学上的局部高低错落调整。

图 3-6 南书房空间·中庭 [供图：本果设计]

图 3-7 南书房空间·书架 [供图：本果设计]

图 3-8 南书房空间·饰品 [供图：本果设计]

三、导视

导视是提供空间环境认知的信息传达界面，其基本功能就是帮助人们移动时有秩序、有方向、有目标。导视从内容上分为：

1. 名称牌匾：对阅览室名称做一个揭示，有牌匾、旗帜、立体字等形式。

2.功能分区：对功能模块和出入口等予以内容和方向指示。

3.文献分类：放置在书架附近，对文献内容和类别进行揭示。

4.设备名称：放置在主要设备附近，告知读者其名称和作用。

5.提示警告：放置在需要注意的位置，包括温馨提示、防撞条、危险警告等。

图 3-9 南书房导视·立体字
[设计：张浩]

图 3-10 南书房导视·牌匾 [设计：张浩]

图 3-11 南书房导视·书架 [设计：张浩]

四、事务用品

在整个图书馆的 VI 系统中，是一定会包含这个部分的。作为大馆旗下的子品牌，可以沿用大馆的事务用品设计风格，也可以根据品牌推广等实际情况的需要单独设计。以下项目仅供参考，各馆可根据情况选用。

1. 办公类：名片、信纸、信封、传真用纸等。

2. 证件类：工作证件、读者证等。

3. 表格类：办证申请表、押金/欠款表格等。

4. 接待类：文件夹、资料袋、手提袋、请柬等。

五、宣传、陈列物料

随着阅览室的开放和投入服务，空间内需要有丰富的展示、陈列、宣传物料，包括但不限于这些分类。

1. 展具：大量的宣传物料需要有合适的展具来承载，展具包括展架、展板、展台、展柜、电子屏等，它们也应该经过设计，让其外形和功能符合阅览室的需求。

图 3-12 南书房展架及服务介绍海报
[设计：张浩]

图 3-13 南书房展架及活动介绍海报
[设计：张浩]

2.服务宣传物料：对经典阅览室的整体形象和服务做出说明和宣示的物料，一般来说有内刊、海报、画册、折页等形式。

3.活动宣传物料：对经典阅览室的活动做出预告和现场宣传的物料，这一类物料对于读者来说是最具感染力的，所以其形式和数量都较为丰富。从材质媒介上大致可分为：（1）喷绘类：背景幕、条幅、横幅、易拉宝、海报、地贴等；（2）印刷类：画册、手册、折页、海报等；（3）电子媒体类：PPT、电视界面、电脑界面等。

六、设计任务之间的逻辑关系

有条件的图书馆，也许还会引入服务流程设计、家具设计、服装设计等设计服务，但一般来说，上述五类设计是最为常见也必须进行的项目。了解它们的分类、内容和相互之间的关系，有助于经典阅览室的设计和建设。下面用表3-1梳理一下它们的关系。

表3-1　经典阅览室设计任务简表

时间顺序	设计项目	设计公司类型	备注
1	核心形象	平面设计公司	需要有研究能力和平面设计能力。
2	空间	空间设计公司	需要与负责核心形象设计的公司保持沟通。
3	导视	平面设计公司、导视设计公司	阅览室的导视不算复杂，平面设计公司亦可胜任，然后寻找相应厂家制作即可；也可以找导视设计公司，并与负责核心形象设计的公司保持沟通。
4	事务用品	平面设计公司	随着阅览室的开放和投入服务，需遵照核心形象的规范设计，一般都由核心形象设计公司完成。
5	宣传、陈列物料	平面设计公司、导视设计公司	多数物料需要有排版能力的平面设计公司设计，且需遵照核心形象的规范；展具的设计也可以交给导视设计公司。

注：2、3、4、5都需在1的规范下推导完成，在色彩、形式、风格等各方面形成统一的视觉效果，传达统一的理念和内涵。

第四节 经典阅览室设计的注意事项

一、设计原则的把握

设计讲究创新，是没有标准答案的一种智力劳动。如果闭门造车，或者生硬地模仿、抄袭其他优秀设计，结果可能适得其反。在所有设计工作的推进过程中，馆方和设计师需要把握以下几个原则。

（一）表达阅览室理念

根据戴维森的"品牌的冰山"理论，品牌的标识、符号等浮在水面上的部分，仅占冰山的15%，而冰山藏在水下85%的部分是品牌的"价值观、智慧和文化"，冰山的冲击力正是来自庞大的水下部分。[①]具体到经典阅览室，这个85%指的就是阅览室秉承的服务理念。因此所有设计工作的推进和呈现，都应该把理念的表达放在第一位。

（二）满足活动配套需求

在图书馆服务中，有越来越多的形式和手段出现，近年盛行的信息共享空间、综合体验区等说法，实际上就是在传统的藏、借、阅功能中，加入了诸如讲座沙龙、表演互动、电子阅读、科技体验、展览展示等活动形式。所以有必要依据未来服务的发展，在软硬件设备和空间上予以考虑。

（三）契合馆舍建筑风格

经典阅览室一般都设在大馆的建筑之内，作为建筑的一部分，其设计风格需要和大馆建筑协调，避免视觉上的割裂感。如果建筑古香古色，阅览室可以考虑传统复古；如果建筑现代新锐，就算阅览室想打造传统的风貌，也只能是现代中式，不能过于复古。

---

① 进出口经理人. 提炼品牌的核心价值 [EB/OL]. [2015－06－26].http：//www.tradetree.cn/content/3221/3.html.

（四）配合大馆 VI

如果大馆已经有成熟的 VI，经典阅览室的形象须与之匹配：如果考虑阅览室的设计与大馆基本一致，直接将大馆 VI 延伸即可；如果阅览室的整体风貌与大馆有区别，则需要巧妙地打造一套和而不同的视觉体系。

（五）凸显馆藏特色

各经典阅览室都有自己的馆藏特色，或是偏重某一年代，或是偏重某一地域，或是偏重某些作者。要凸显馆藏特色，应先寻找和提炼馆藏中的某些特质，再通过设计营造出与之相适应的整体氛围。这样一方面能突出其和同类阅览室的差距，另一方面也使馆藏特色得以更好地体现。

（六）适合读者群体

实体的阅览室，其目标读者群体是有一定的区域范围的，有必要研究该范围内的读者特点，在经典阅览室的设计上予以考虑，让他们感觉更亲切、更实用，这也是提升服务的一种方式。

二、设计过程中的误区

引入设计以后也不能高枕无忧，不合适的设计也会导致一些弊端，以下是几个常见的误区。

（一）只追求廉价，没有美感

设计是智力密集型行业，没有量化的作品标准，如果一味追求低价，就可能引入一些设计水平差的偏制作类公司。就算用再好的材料和工艺，也只能产生一堆视觉垃圾。

（二）只追求效果，脱离预算

好的设计应该是在现有的技术和预算条件下展开的，不能一味追求炫目效果或者攀比，结果经费超支、制作烂尾，或是日后维护麻烦、成本高企。

（三）只追求美感，脱离功能

好的设计应该是以功能为第一位的，任何一项设计都应该是善意和美的结合，不能为了视觉出彩而做出违背人本原则的设计来。

（四）只追求个性，脱离协调

好的设计应该是和周围的建筑、书籍和使用者和谐相处的，必须尊重前面已有的视觉元素，构造统一和谐的整体，而不是另起炉灶，为设计而设计。

三、优秀甲方的标准

为了更好地完成经典阅览室的设计工作，馆方应引入社会力量，和专业人员合作，各司其职、共同打造。在合作中，一般来说，提出目标的一方称为甲方，这里也就是馆方了；而接受目标的一方就是乙方，也就是设计方。本讲的目的不是让被培训者成为具有设计能力的人员，而是要成为一名合格优秀的甲方代表，其标准包括：

（一）理解设计的重要性

理解了设计在整个经典阅览室建设中的重要作用，才能在报告撰写和工作沟通中阐述清楚，保障相应的人力、物力、财力的投入，让工作顺利推进。

（二）熟知设计的需求和流程

甲方需要熟悉经典阅览室建设过程中所有的设计任务以及它们的流程，才能按照重要性和时间顺序合理地安排设计公司参与，并协调好不同设计方之间的关系。

（三）具有鉴别设计公司的水准和专长的能力

这点非常重要，因为设计公司的水准和专长各不相同，甲方必须对他们过往的作品和对本项目的思考进行考察、比较，在有限的预算内选择水平较高、有过类似项目经验的公司进行合作。

（四）具有良好的沟通能力

在理念、风格等方向性问题上，在具体设计推进的修改调整中，甲乙双方的沟通显得非常重要。甲方代表需要将双方的思想提炼、归纳，并与乙方进行良好的交流，否则将极大地增加沟通成本，轻则让乙方轻重主次不明，重则将设计引向错误的方向。

（五）给予设计方创作空间

术业有专攻，乙方虽然要遵循核心理念，听取甲方的意见，但在具体设计表现上，甲方应充分信任乙方的专业水准，给予其创作空间。甲方切忌越俎代庖，把自己的审美习惯和个人想法强加给乙方。

第五节　举例说明

各地的经典阅览室都有各自鲜明的特色，这里仅举两例，供大家参考讨论。

一、山东省图书馆尼山书院

山东省图书馆尼山书院位于大明湖南岸，由奎虚书藏、博艺堂、海岳楼三处建筑组成，错落有致地分布在遐园内，池塘环绕，绿荫蔽日，花木扶疏，古色书香，现代建筑与古典风格的庭院交相呼应，相得益彰。

奎虚书藏楼平面为"山"字形，红砖砌墙，平屋面，钢筋混凝土结构，建筑顶部女儿墙做叠落状马头墙处理，正中为"奎虚书藏"四个大字，为时任国民政府教育部长的傅增湘先生亲笔题写。楼后回廊相连，共分两层，上层设金石馆、明伦堂、研修堂，下层设读书堂。金石馆常设金石拓片展，为读者提供传拓体验服务；明伦堂设道德展室和道德讲堂两部分，定期举办道德讲座；读书堂设国学经典阅览室和国学电子阅览室，传承国学经典之精华，培育笃学厚德之人才。

尼山书院主体建筑博艺堂以"六艺"展示为主题，一楼北墙正中高悬孔子

图 3-14 尼山书院

像，为习礼之地，二楼琴桌摆放有序，恬淡平和的古琴之音如鸣佩环。

　　海岳楼是遐园建园之初的主体建筑之一，几经战火的摧毁和政府的重建，现为尼山书院国学讲堂所在地。国学讲座、艺术体验日、国学体验夏令营、公益书法班等活动的举办场地均为海岳楼。

图 3-15 尼山书院国学讲堂

尼山书院在装修风格上追求古朴、庄重、典雅。顶面的造型铜质花灯、木作墙裙及定制图案的实木地板体现了20世纪30年代民国的怀旧感，通过墙面肌理纹饰的处理则增加了低调奢华的感觉。墙面装饰字画的选择也独具匠心，与整体风格协调统一。在家具选择上，采用了明清时期书房家具的样式，全部由榆木制成，局部则选择传统工艺制作的金砖铺地，将书院的重要地位和古朴高雅的格调体现得淋漓尽致。

二、深圳图书馆南书房

深圳图书馆南书房服务区位于图书馆主体建筑的一楼东侧，是扬经典阅读之风、传承优秀文化的阅读空间，也是与读者交流互动、宣传推广图书馆资源和服务的场所。

设计师巧妙地将深圳图书馆的经典馆藏、特殊文献展示和互动分享的读书体验结合在一起，运用朴实的色彩与造型在错落的空间中意图表达"道·法·自然"的空间概念。这一概念倡导万事万物应遵循"无生有，有归无"的宇宙法则，因为它是自然的起点，也是运动变化的根本依据。

放眼望去，整个阅览室内，汗牛充栋的藏书被有条不紊地摆放在书架上，众多读者或坐或站，或喁喁私语，或静默不言，动静皆属自然。一切都在这种"自

图 3-16 南书房内部空间 [供图：本果设计]

图 3-17 南书房内部空间 [供图：本果设计]

图 3-18 南书房内部空间 [供图：本果设计]

然"的状态下有序进行，空间中多一物少一物都不会受到影响，这就是设计师努力呈现的空间：馆内，人、书、物皆可变动。也即，在无常中追求有常。空间的本质在于满足人的精神需求。设计师希望，每一个热爱读书的深圳人，都能在南书房找到自己的灵魂归属。

思考题

1. 哪些阅览空间（包括图书馆、书店和书吧等）的设计给你留下了深刻印象？具体来说你觉得它们在哪些方面做得好？

2. 如果你所在的地区要设立经典阅览室，请尝试给它命名并说明理由。

3. 如果你所在的地区要设立经典阅览室，请思考其适合的风格，并尝试用具体的文字进行描述（不要泛泛地说），或者用某些喜欢的空间类比。

附　文

经典阅览室设计项目简表

一、核心（基础）形象

1. 标准设计

（1）阅览室名称　　　　　　　（2）标志图形及释义

（3）标准中英文字体　　　　　（4）标准色彩

（5）标志和中英文字体的标准组合

2. 辅助设计

（1）吉祥物造型　　　　　　　（2）辅助图形

（3）辅助色彩　　　　　　　　（4）禁用规则

二、空间

1. 空间功能　　　　　　　　　2. 空间营造

3. 空间布置

三、导视

1. 名称牌匾

2. 功能分区

（1）出入口　　　　　　　　　（2）服务台

（3）其他功能区

3. 文献分类　　　　　　　　　4. 设备名称

5. 提示警告

（1）温馨提示　　　　　　　　（2）防撞条

（3）危险警告

四、事务用品

1. 办公类

（1）名片　　　　　　　　　　（2）信纸

（3）信封　　　　　　　　　　　（4）传真用纸

2.证件类

（1）工作证件　　　　　　　　　（2）读者证

3.表格类

（1）办证申请表　　　　　　　　（2）押金/欠款表格

4.接待类

（1）文件夹　　　　　　　　　　（2）资料袋

（3）手提袋　　　　　　　　　　（4）请柬

五、宣传、陈列物料

1.展具

（1）展架、展板　　　　　　　　（2）展台、展柜

（3）电子屏

2.服务宣传物料

（1）内刊　　　　　　　　　　　（2）海报

（3）画册　　　　　　　　　　　（4）手册、折页

3.活动宣传物料

（1）喷绘类：背景幕、条幅、横幅、易拉宝、海报、地贴

（2）印刷类：画册、手册、折页、海报

（3）电子媒体类：PPT、电视界面、电脑界面

第四讲
工具书与经典阅读

白兴勇 *

　　近年来，阅读推广越来越受社会各界关注，各种阅读活动五彩缤纷、层出不穷。作为阅读推广重点的经典阅读也成为人们关注的焦点。在古代人们的阅读过程中，工具书一直发挥着重要作用。如今随着时代的发展，各种新型工具书不断出现，然而其在阅读中的作用往往被现代人所忽视，尤其在"浅阅读"盛行之时。随着经典阅读重要性的凸显，工具书的作用被人们重新认识。

第一节　工具书是什么

　　工具书的定义有多种，据林玉山主编的《工具书学概论》就有 13 种之多。[①]商务印书馆第 6 版《现代汉语词典》将工具书定义为：专为读者查考字形、字音、字义、词义、字句出处和各种事实等而编纂的书籍，如字典、词典、索引、

　　*　白兴勇，山东省图书馆副研究馆员，在《图书馆杂志》《图书馆》《图书馆理论与实践》等核心期刊发表论文多篇。

①　林玉山 . 工具书学概论 [M]. 广州：广东教育出版社，2004.

历史年表、年鉴、百科全书等。① 在图书馆界内，无论实践还是理论方面，工具书一直是研究的重点。北京大学朱天俊教授等认为：工具书简单地说就是专供翻检查阅的书；详细地说则是将汇辑编著或译述的材料，按照特定的方法加以编排，以供释疑解难时查考之用的图书。② 武汉大学詹德优教授等认为工具书是根据一定的查阅需要，系统汇集有关的知识材料，并按易于检索的方法排检，以便迅速提供知识信息的图书（文献）。③ 综上所述，工具书可以简单地概括为：便于人们阅读的辅助工具类图书，其中要点在于便于人们对图书的阅读理解。

第二节　工具书的类型及特点

根据不同的标准，工具书的类型有不同的划分方法，如按文种来说有中文工具书与外文工具书，按年代有古代工具书及现代工具书，按学科来说有社会科学工具书和自然科学工具书，按载体不同又可分为印刷版工具书和电子版工具书。凡此种种，在此不再赘述。在图书馆界内，较通用的划分方法主要是按工具书的用途及编制特点将其划分为：字典、词典、类书、百科全书、政书、年鉴、手册、书目、索引、表谱、图录、地图、名录等。随着计算机技术和网络技术的进步，电子工具书和网络工具书发展迅速，成为目前最新型的工具书。在倡导经典阅读的今天，有一类图书逐渐引起了人们的关注，即对经典的注释解说类图书。如著名历史学家钱穆著《论语新解》，2005 年由三联书店出版，汇集了前人对《论语》的注疏、集解，再加上作者自己的理解，对《论语》予以重新阐释。这类图书有助于人们对经典的阅读理解，也可算作广义工具书的一种。

各类工具书因利用目的、收集范围不同而有自己的特点，但信息密集、资料性强、编制系统、主要用以检索、辅助阅读为目的是所有工具书的共性。从编辑目的来看，工具书主要是供人们有目的地查考；从资料收集范围来看，工

---

① 中国社会科学院语言研究所词典编辑室 . 现代汉语词典 [M]. 第 6 版 . 北京：商务印书馆，2005：447.

② 朱天俊，李国新 . 中文工具书基础 [M]. 北京：北京图书馆出版社，1998：1.

③ 詹德优，谢灼华，彭斐章，等 . 中文工具书使用法（增订本）[M]. 北京：商务印书馆，1999：3.

具书一般能够比较完整地汇辑某一方面的资料；从编制方法来看，中文工具书一般按音序、形序、分类、主题、年代或地区等顺序，西文工具书在编制方面除按字母排序较多外，也会根据编制目的按分类、主题、年代或地区次序排列，一般都会考虑方便查考的因素。

第三节　工具书与经典阅读的关系

工具书是辅助阅读的工具，从古代起一直为读书人所重视。历代编纂的工具书种类繁多，内容丰富，源远流长。相传周宣王时太史籀所作《史籀篇》是中国最早出现的字书，用于教孩童读书识字。《汉书·艺文志》言："史籀篇者，周时史官教学童书也。"① 关于工具书的作用，古人早有认识，如清代学者王鸣盛在《十七史商榷》中曾言："目录之学，学中第一紧要事，必从此问途，方能得其门而入。"② 近代目录学家余嘉锡也指出："目录学为读书引导之资。凡承学之士，皆不可不涉其藩篱。"③ 以上文中所指"目录"即"书目"，是最基本的一种工具书。在倡导经典阅读的今天，我们更应该关注工具书的作用。具体而言有以下几点。

一、工具书指明经典阅读的范围

要倡导经典阅读，首先需要明确哪些是经典读物。经典读物可以说是一个时代概念，不同时代人们所认为的经典读物各有不同。随着经典书籍数量的增多，工具书的作用也愈加重要。书目作为工具书的一种，尤其体现了工具书在指明经典范围方面的作用。书目是著录一批相关文献并按照一定的次序编排而成的、揭示与报道文献信息的工具。④ 中国编制书目历史悠久，早在汉代，刘向、刘歆所著《七略》便记载与类分了西汉所存有价值的图书，对先秦以来学术思想的来源、流派做了分析与论述。书目可分为古典书目和现代书目，前者又可

---

① 〔汉〕班固.汉书：艺文志：卷三十.北京：中华书局，1962.
② 王鸣盛著，黄曙辉点校.十七史商榷：卷一.上海：上海书店出版社，2005.
③ 余嘉锡.目录学发微：卷一.成都：巴蜀书社，1991.
④ 詹德优，等.中文工具书使用法 [M].增订本.北京：商务印书馆，1999：61.

分为官修书目、史志书目、私家藏书目录、古籍版本书目及专科目录等，后者亦可分为国家书目、个人书目、地方文献书目、推荐书目等。书目除了记录出版图书外，还担负起了指导阅读的功能。张之洞曾在其《輶轩语·语学》中言，"汜滥无归，终身无碍。得门而入，事半功倍"。[①]目录之所以具有导读功能，主要由其编制特点所决定。首先目录收录一定范围的图书，其次目录用叙录等方法揭示图书内容、版本情况和学术源流。基于这两点，任何目录都具有一定的导读功能，其中对于经典阅读最重要的当属推荐书目。

推荐书目是针对特定的读者、采用特定的标准选择图书推荐给读者的书目，包括选读书目、导读书目等。[②]它对当前的经典阅读起到了指示门径、划定阅读范围的作用。在我国古代，推荐书目应传统官学、家塾、书院与科举制度的需要很早就发展起来了。如今我们能见到的最早的推荐书目是《唐末士子读书书目》，此书目基本上包括了九经（《尚书》《毛诗》《周易》《礼记》《周礼》《仪礼》《公羊传》《穀梁传》《左传》）、三史（《史记》《汉书》《东观汉记》），以及《孝经》《论语》《尔雅》，确为当时读书人必读之书。自此后，历代名家学者为指导学子后人读书治学，皆开列推荐书目，以指示阅读门径。如元代程端礼所作《程氏家塾读书分年日程》，书中详列应读书目和读书次序，读书内容侧重经史和理学著作。明代陆世仪在其《思辨录》中也为指导青年阅读开列了推荐书目，此书目按青年学子年龄分三节，五至十五岁为一节，十五至二十五岁为一节，二十五至三十五岁为一节，比较有特点和实用价值。民国时期社会上的有识之士，为促进经典阅读，也经常为青年学子开列一些推荐书目，如1920年，胡适曾开列一份《中学国故丛书》目录，列举古籍31种，从《诗经》《论语》到《史记》《汉书》，从陶渊明、李白到欧阳修、马致远，皆入其选。[③]章太炎、梁启超、汪辟疆、顾颉刚等也都开列过此类书目。凡此种种，不一而足。新中国成立后，推荐书目种类逐渐增多，据统计，1951年至1955年，全国有70余种推荐书目出版。[④]

上述仅为国内推荐书目所指出的经典读物，属于中国传统经典。对于国外经典读物，我们同样需要有类似的推荐书目。如美国前图书馆协会主席、伊利

---

① 〔清〕张之洞著，司马朝军注.輶轩语详注 [M].上海：华东师范大学出版社，2009.

② 彭斐章.目录学教程 [M].北京：高等教育出版社，2004：3.

③ 王余光.名著的阅读 [M].昆明：云南人民出版社，2001：53.

④ 王余光.名著的阅读 [M].昆明：云南人民出版社，2001：161.

诺伊大学图书馆馆长罗伯特·唐斯所著《影响世界历史的 16 本书》①，在浩如烟海的书籍中，拣选了从文艺复兴到 20 世纪中叶的 16 本重要著作进行了解读和评价。北京大学信息管理系李常庆教授所编《北京大学教授推荐我最喜爱的书》②，列举了 50 位北京大学教授所推荐的图书。其中外文经典著作排在前五位的分别是：《共产党宣言》《居里夫人传》《钢铁是怎样炼成的》《自然辩证法》《罪与罚》。这些外文经典著作均文字优美、思想深刻，历经时间长河的淘洗，具有持久的生命力和影响力，一直受到广大读者的喜爱。在《全民阅读推广手册》③第七章"理想的书籍，是智慧的钥匙"中，"文学名著书目""名人传记书目""艺术欣赏书目""科普阅读书目""中外新诗书目""女性读书及相关书目""'夕阳红'阅读书目"等也是中外并举，可见外国经典同样应列入经典阅读范围之内。如今各大高校及公共图书馆推出的经典阅读指导书目中也都有国外经典读物。

　　随着时代的发展，承载推荐书目的媒体不再仅仅是图书，期刊、报纸及电视、电台、网站等媒体也都推出大量推荐书目。推荐的主体也发生了变化，由原来的知名学者、专家、教授逐渐转向政府文化宣传教育部门，如各类学校、公共图书馆等。由此产生了推荐书目本身的遴选问题。从一定意义上说，国家新闻出版广电总局评选的国家级"图书三大奖"（中国出版政府奖、中华优秀出版物奖、"五个一工程"奖）以及"向青少年推荐百种优秀图书""'三个一百'原创出版工程"等产生的书目，均可视为国家的"推荐书目"。另外，要推广经典阅读，必须明晰各推荐书目的优劣。在这一问题上，《全民阅读推广手册》给出了较明确的答案。在其第八章"读一本好书，就是和许多高尚的人谈话"以及第九章"读书是在别人思想的帮助下，建立起自己的思想"中列举了较多的期刊、报纸、电视、电台以及网站等有益于经典阅读的知名媒体，对指导遴选经典阅读推荐书目较有助益。网络环境下，书目数据库、学科导航库、资源指引库等网上电子目录，同样也能起到一定的科研与治学门径的作用。

二、词典类工具书可以解释经典

　　在书目指明经典阅读的范围后，进一步进行阅读的过程中仍然离不开其他

① 〔美〕唐斯.影响世界历史的 16 本书 [M].缨军，译.上海：上海文化出版社，1986.
② 李常庆.北京大学教授推荐我最喜爱的书 [M].西安：陕西师范大学出版社，2001.
③ 徐雁.全民阅读推广手册 [M].深圳：海天出版社，2011.

工具书的帮助。这方面的工具书主要指字典、词典等，这些工具书对经典中出现的当今人们难以理解的字、词、句、典故等起到解释说明作用。

中国古代无"字""词"之分，"字"基本上也就是"词"。字典、词典通称为字书。张之洞《輶轩语》中几个章节"解经宜先识字""读经宜正音读""读经宜明训诂"分别指出了字书的作用，即识字形、正读音、明释义。在识字形方面，《说文解字》是我国第一部以分析字形、探讨字体结构源流为主要内容的字书；在正读音方面，《广韵》是我国现存第一部完整的以归纳字音、探求声韵源流为主要内容的韵书；在释义方面，《尔雅》是我国第一部以解释字词含义为主要内容的工具书。随着语言的变迁，为便于人们阅读经典，各朝代都有不少字书问世。近代以来，特别是辛亥革命后，国内开始出现一些新形式的字典、词典，如《辞源》(商务印书馆 1915 年出版)、《辞海》(中华书局 1936 年出版)等。一些中外文对照词典及专科词典也相继出现。新中国成立以来，在党和政府的关心下，字典、词典的编纂工作也出现了巨大飞跃。据统计，我国从 1975 年以来出版的各类字典、词典、词表等有 3000 多种。[①]我们在阅读现代经典著作时，往往会用到《新华字典》《汉语大字典》等，在进行古代经典阅读时，《说文解字》《康熙字典》《辞海》《辞源》等会有很大帮助，在进行外文经典阅读时，一些外文词典如《牛津英语大词典》《韦氏国际英语词典》等工具书也是必备的。网络时代，这类字典、词典相继推出电子版和网络版，检索和利用更加方便快捷。

图 4-1《康熙字典》，1958 年 1 月第 1 版，中华书局出版

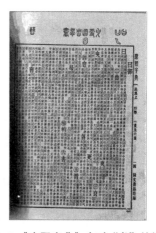

图 4-2 《康熙字典》中对"书"的解释

---

① 詹德优，谢灼华，彭斐章，等．中文工具书使用法（增订本）[M].北京：商务印书馆，1999：61.

三、工具书指明了经典阅读的方法

在经典阅读方面，我们不仅需要知道哪些是经典读物，需要借助哪些工具书来进行阅读，还需要知道怎样阅读，即经典读物的阅读方法，也称为导读。导读作为一种指导阅读的方法，在中国产生很早，其起源于教育，但很快为目录学所用。前文所言导读目录在指定经典读物范围方面有所阐述，此节主要论述目录在经典阅读方法上的指导。早在元代，程端礼在《程氏家塾读书分年日程》①中即有读书方法的指导，如读《诗经》的方法：

先抄《诗》全篇正文，读之。别用纸抄《诗》正文一章，音义、协音并依朱子。次低正文一字，抄所主朱子《传》。次低正文一字，节抄所兼用古注疏。次低正文二字，附节抄陆氏《音义》。次低正文二字，节抄朱子《语录》《文集》之及此章者。次低正文三字，节抄辅氏《童子问》，及鲁斋王氏《诗疑辨》，及诸说精确而有裨朱子《传》者。每段正文，既抄诸说，仍空余纸，使可续抄。

以上为程端礼所倡导的经典著作《诗经》的抄读法。此后，书目对经典阅读的指导方法越来越引起人们的关注，清代李颙《读书次第》、龙启瑞《经籍举要》、张之洞《书目答问》皆有关于阅读方法的阐述。近代梁启超应《清华周刊》记者之约编撰了《国学入门书要目及其读法》，也是在介绍经典读物的基础上介绍阅读方法。

经典读物的阅读方法除大量出现在书目中外，在辞典等工具书中也有涉及。如在王余光、徐雁主编的《中国读书大辞典》②中，列举了从古至今，海内外 134 名专家学者的读书方法，这是迄今为止较为全面的、总结名家读书方法的工具书，在指导人们进行经典阅读方法的选择方面大有裨益。在具体阅读方法方面，《中国读书大辞典》提供了"目标阅读法""分层阅读法""抓'点'阅读法""强记阅读法""比较阅读法""SQ3R 阅读法""快速阅读法""勾画阅读法""三步阅读法"等 26 种阅读方法。根据读物题材的不同，该辞典还列举了"小说阅读法""史诗阅读法""戏剧阅读法""诗歌阅读法"等 14

---

① 程端礼著，姜汉椿校注 . 程氏家塾读书分年日程 [M]. 安徽：黄山出版社，1992：43.

② 王余光，徐雁 . 中国读书大辞典 [M]. 南京：南京大学出版社，1993.

图 4-3 王余光、徐雁主编的《中国读书大辞典》

种阅读方法。

每个人在进行经典阅读时有各自的方法,"书山有路勤为径,学海无涯苦作舟",勤学苦读是古人所倡导的。随着社会的发展,图书的增多,阅读方法也不断增多。尤其在当前社会环境下,读物众多(仅 2012 年中国出版的图书就有 41.4 万种)。[1] 如此种类繁多的图书,穷个人毕生之力也不可能读完。所以,对经典读物的选择、对阅读方法的选择显得尤为重要。因此工具书的辅助阅读作用受到人们的高度重视,用好工具书才能在浩如烟海的图书中从容不迫、游刃有余。

四、工具书有助于加深对经典的理解

在进行经典阅读的过程中,工具书除了可以为我们指明阅读范围、阅读方法并能解词释义外,还能够说明经典产生的背景、源流、版本,并对经典读物的意义进行评析,有助于我们加深对经典的理解,提高我们阅读经典的水平和层次。此类工具书,中国古代历史上最为著名的当属《四库全书总目提要》(以下简称《总目》)。乾隆三十八年(1773)设四库馆,先后集纪昀、戴震、邵晋涵等 360 人修书,至四十六年(1781)撰成初稿,五十四年(1789)修成,前后历经十余年。《总目》共 200 卷,分 4 部 44 类,收书 3500 余种,集古代书目之大成。缪荃孙在《丁氏善本书室藏书志序》中说:"考撰人之仕履,释作书之宗旨,显征正史,僻采稗官,扬其所长,纠其不逮,四库提要实集古今之大成。"[2]

在书目中揭示经典读物的成书背景、版本源流、长短优劣,在我国目录学史上屡见不鲜,除《总目》等由国家组织编撰的书目外,私家书目为便于整理

---

[1] 中国出版网 . 2012 年新闻出版产业统计报告 [EB/OL]. [2015－03－20].http://www.ppsc.gov.cn/cydc/201309/t20130912_145638.html.

[2] 缪荃孙 . 丁氏善本书室藏书志序 [M]// 钱塘丁氏自刊本 .1901.

阅读，也往往注重此类考证。如宋代学者晁公武《郡斋读书志》的部分解题即体现了考镜源流的思想。如子部释书类《景德传灯录》①，对此类书源流的解题云：

夫禅学自达摩（衢本为"磨"）入中原，世传一人，凡五传至慧能，通谓之祖。慧能传行思、怀让。行思之后，有良价，号"洞下宗"；又有文偃，号"云门宗"；又有文益，号"法眼宗"。怀让之后，有灵祐、慧寂，号"沩仰宗"；又有义玄，号"临济宗"。五宗学徒遍于海内，迄今数百年。临济、云门、洞下，日愈益盛。尝考其世，皆出唐末五代兵戈极乱之际。意者，乱世聪明贤豪之士，无所施其能，故愤世嫉邪，长往不返，而其名言至行，譬犹联珠叠璧，虽山渊之高深，终不能掩覆其光彩，而必辉润于外也。故人得而著之竹帛，固有遗轶焉。

以上解题详细阐述了禅学"五宗"的师承关系，以及对它们兴盛缘由的看法，这是对禅宗源流较早的记载。又如经部诗类《毛诗故训传》②云：

右古诗三千余篇，孔子删取其三百十一篇为经，后亡其六。汉兴，分为三：申公作训诂，号鲁诗；辕固生作传，号齐诗；韩婴作传，号韩诗。皆列学官。最后毛公诗出，自谓子夏所传。公，赵人，为河间献王博士。五传至东京，马、贾、二郑皆授其学。魏、晋间，鲁、齐诗遂废而韩诗仅存，毛公诗独行至今，世谓其解经最密。

诸如此类解题，详细解释了经典读物的起源情况，并进行了评价。由上述例证可见，在阅读经典时，对相关书目进行必要的浏览查询，能够增长背景知识以加深对经典的理解。除书目中对经典的评价外，我们也可以通过专业杂志的书评专栏、报纸中的书评、书评数据库等了解经典读物的价值、内容及特点。这也是工具书对于经典阅读的重要作用之一。

第四节　图书馆如何利用工具书推广经典阅读

现代图书馆作为人们终身阅读的教育机构，在提高人们素质、指导阅读方面责无旁贷。同时，图书馆又有其他社会机构或个人很难收集全面的工具书资

---

① 晁公武撰，孙猛校证. 郡斋读书志校证 [M]. 上海古籍出版社，1990：784.
② 晁公武撰，孙猛校证. 郡斋读书志校证 [M]. 上海古籍出版社，1990：61.

源，充分利用这些资源，可以更好地发挥图书馆的作用，推进经典阅读的潮流。

一、做好编目工作，建立完备的馆藏目录

要利用好工具书、引导经典阅读，首先需要做好图书馆自身的编目工作，形成完备的馆藏目录。清末，特别是 20 世纪初，风气渐开，兴教育、办图书馆逐渐成为一种潮流。戊戌变法时期成立的京师大学堂，购置中外书籍，至光绪二十八年（1902）正月，"续兴大学，乃设藏书楼，调取江、浙、鄂、赣、湘等省官书局各种书籍，并购入中西新旧书籍藏之。"① 这是京师大学堂正式设立图书馆之始。开近代图书馆编目之先的则是 1904 年徐树兰编《古越藏书楼书目》，共计 20 卷。该目录一方面反映了晚清学术中外并行的概貌，另一方面对传统分类进行了实质性改造，有较大影响。

其后，各图书馆为便于管理，纷纷编纂本馆图书目录，编目部成为图书馆常设部门，延续至今。编目工作是图书馆的基础业务工作，现代图书馆完整的编目流程由两部分组成：一是著录，二是规范控制。著录是对文献的客观描述，规范控制的对象是书目款目中的标目。规范控制又称权威控制，是为确保标目在检索款目及书目系统的唯一性和稳定性，而建立、维护、使用规范款目和规范文档的工作过程。做好编目工作是图书馆的基础业务，不仅对于馆藏建设有重要意义，读者服务工作更是不能缺少书目的辅助。图书馆必须利用图书馆目录才能挑选合适的图书，推荐本馆藏书，开展新书展览、书评活动等。另外，图书馆要解答读者咨询，包括馆藏的利用、检索目录的使用方法等问题，也必须利用馆藏目录。

随着机读目录的使用，图书馆目录可以帮助解答读者更多的问题，如本馆图书的复本数、借书去向、网上预约借书、网络检索咨询等。同时，书目也是图书馆合作和协作的基础，无论传统的馆际互借还是现代的网络文献传递，只有利用书目文献才可实现文献资源共建共享。具体到经典阅读方面，完备的馆藏目录有利于读者查阅经典读物，使读者能更好地利用图书馆进行经典阅读。

---

① 李希泌，张椒华.中国古代藏书与近代图书馆史料 [M].中华书局，1982：352.

二、成立工具书室

工具书资源是图书馆进行馆藏建设的重要一环，在高校图书馆，工具书向来被视作一种特殊资源。随着网络和通信技术的发展，电子资源和电子图书的出现，读者的需求也出现了变化，馆藏建设也相应发生了变化。纸质文献所占比例减少，电子资源比例提升；工具书由原来的索引、文摘、字典、词典，逐渐变为索引数据库、文摘数据库、期刊全文数据库。相对于传统的印刷型工具书，电子工具书功能更强大、检索更方便、速度更快。超星、方正阿帕比和知网三者为国内工具书数据库平台知名运营商，在工具书数据库检索方面，三者都实现了与其自身其他数据库的统一检索。同时三者又各有特色，其中，方正提供了年鉴的全文检索，超星读秀通过知识点检索实现全文检索，知网提供的是词条、词目检索。

考虑到读者利用工具书途径与方式的不同，图书馆既要有印刷型工具书，也要提供网络在线的工具书数据库。鉴于工具书的类型和数量多样，成立工具书室对于图书馆来说显得尤为必要。即便是没有条件成立工具书室的图书馆，也应该根据自身条件设立工具书专架或专区。这样做的目的：一是可以集中工具书资源，便于读者检索利用；二是可以有效地节约经费，避免重复采购；三是可以开阔读者视野，对于图书馆指导读者进行经典阅读工作也有很大的便利。另外，对于第二节提到的广义工具书，即关于经典阐释的图书，图书馆也可酌情设立专架或专区，集中这部分图书置于馆内显著位置，这对于经典阅读的宣传和推广也不无裨益。如关于《论语》的图书达百余种，戴望的《戴氏注论语》、康有为的《论语注》、冯友兰的《论孔丘》、杨伯峻的《〈论语〉译注》、杨树达的《〈论语〉疏证》、安作璋的《论语辞典》、钱穆的《论语新解》等，图书馆可尽力挑选、集中放置，以便于读者查阅，融汇更多观点，加深对经典的理解。

三、开展工具书讲座培训等读者活动

工具书的利用技能是一项实用技能，不是用户轻易就能掌握的。因此，针对用户利用工具书中存在的问题，进行用户教育和培训是十分必要的。

工具书使用的教育和培训可以提高用户的利用技能，如书目信息的检索技能、书目信息的使用技能。用户还可以学到工具书知识，增强利用工具书的意识，养成使用工具书的思维和习惯。结合经典阅读指导，工具书教育的具体内容包括：（1）工具书的选择与评价。主要介绍传统工具书常识及工具书的选择方法。重点是指导用户学会选择经典读物和合适的工具书。（2）现代工具书技术培训。随着计算机网络的发展，大量电子工具书出现。用户工具书教育也应该与时俱进，引入多媒体阅读和网络浏览等概念，帮助用户掌握电子工具书的使用方法，包括：浏览电子期刊、电子图书、多媒体光盘以及网络图书馆，通过 E-mail、QQ 等交流读书体会心得等。

工具书在经典阅读中的作用逐渐得到人们的重视，图书馆在宣传工具书的使用过程中也应当采取多样的形式以激发人们对工具书的兴趣。如举办展览或其他读者活动等。在这方面，深圳南山图书馆给我们做出了很好的榜样。2007年 4 月，深圳南山图书馆为庆祝世界阅读日，鼓励小朋友学会利用阅读工具，特别面向小学 1～3 年级的孩子开展查字典比赛。[①] "授人以鱼不如授人以渔"，类似活动不仅能使孩子们学到知识，更能帮助他们掌握学习的方法，为以后的阅读生活打下良好的基础。

四、制作工具书

网络环境下，读者阅读范围大增，除每年正规出版的图书外，各种在线小说更是让人眼花缭乱，目不暇接。尤其现在出版社为吸引读者眼球，往往注重感官刺激，新出版图书的内容远不如经典图书深刻。读者获得短暂的阅读快感后，很难再有较高层次的精神享受，更遑论文化素养的提高。图书馆作为社会教育机构，有责任向广大读者推荐经典读物，做好经典读物的导读工作。其中一项很重要的工作就是直接编制工具书。如北京图书馆为了向大中学生推荐阅读中国古代经典读物，于 1953 年编纂了《中国古代重要著作选目》。在这部推荐书目中，《诗经》一书的提要为："《诗经》，中国最早的一部诗歌总集，尤其是其中的《国风》是距今 2000 多年前的民间歌谣。不但文学上价值很高，史料价值亦很高，为研究中国古代社会历史必不可少的一部书籍。"[②] 除对经典读物进行介绍外，也可以进行评价，好的推荐书目往往能将介绍和评价结合起来。如

---

① 李超平 . 公共图书馆宣传推广与阅读促进 [M]. 北京：北京师范大学出版社，2013：107.
② 彭斐章 . 目录学教程 [M]. 北京：高等教育出版社，2004：153.

《中国古代重要著作选目》中《史记》一书的内容提要："《史记》，汉司马迁（纪元前一四五—纪元前八六年）著。司马迁是中国著名的史学家和文学家。他的这部'一百三十篇'巨著，记录了当时有关中国原始社会和奴隶社会的传说，反映了中国初期封建社会的发生和发展，开创了中国史学史上的纪传体。由于它的描写生动，辞藻瑰丽，成为中国重要的文学作品之一。二千多年来，它在中国史学和文学上都起了重大作用。"①图书馆在做经典读物推荐书目时也应以上述书目为标杆，尽量做到简明扼要，介绍与评议相结合。

进入21世纪，为适应现代人的阅读需要，传统工具书逐渐发生了一些变化，推荐方式更加适应当代社会普通人群，既有以提高人文素养为目的的基本推荐书目，也有以应付考试为目的的考试指导书目等。在推广经典阅读的今天，图书馆尤其应注意编纂经典阅读推荐书目，让读者明了哪些是经典读物，并进行选择阅读。随着网络技术的广泛应用，一些公共图书馆为推广阅读，制作并在网站上推出推荐书目，备受读者好评。如山东省图书馆在其网站上就有《图书推荐》《借阅排行》《期刊推荐》三个栏目，充分利用电子统计技术，结合书目评价的功能，推荐了一系列图书和期刊供读者选择，取得了良好的效果。②

图 4-4 山东省图书馆网站 www.sdlib.com

① 彭斐章. 目录学教程 [M]. 北京：高等教育出版社，2004：154.

② 参见 www.sdlib.com。

随着时代的发展，工具书的质量和数量有了新的飞跃，类型和内容也越来越丰富多彩。20世纪70年代以来，全世界平均每年出版图书的总量约计50万种，平均每一分钟就有一种新书问世。[①] 而每个人读书的时间是有限的，因此，"读什么书？怎样读？"就是一个很现实的问题。而工具书就是解决这个问题的方法。不管何种方式、何种形态的工具书，变换的只是载体、传播和阅读方式，它们作为辅助阅读工具的本质不会发生改变。工具书形式的改变也使读者有了更多的便利和选择，图书馆作为重要的阅读推广者，坐拥丰富的工具书资源，在经典阅读方面，更应积极引导和教育读者利用好工具书，使它们在辅助阅读方面发挥更大的作用。

参考文献

[1] 朱天俊，李国新. 中文工具书基础 [M]. 北京：北京图书馆出版社，1998.

[2] 詹德优，谢灼华，彭斐章，等. 中文工具书使用法 [M]. 增订本. 北京：商务印书馆，1999.

[3] 王余光. 名著的阅读 [M]. 昆明：云南人民出版社，2001.

[4] 彭斐章. 目录学教程 [M]. 北京：高等教育出版社，2004.

[5] 王余光，徐雁. 中国读书大辞典 [M]. 南京：南京大学出版社，1993.

[6] 徐雁. 全民阅读推广手册 [M]. 深圳：海天出版社，2011.

[7] 李超平. 公共图书馆宣传推广与阅读促进 [M]. 北京：北京师范大学出版社，2013.

思考题

1. 随着时代的变迁，工具书有哪些变化？

2. 工具书在经典阅读过程中有哪些作用？

3. 图书馆应该怎样利用工具书来推广经典阅读？

---

① 彭斐章. 目录学教程 [M]. 北京：高等教育出版社，2004：3.

第五讲
经典版本与经典阅读

吴金敦[*]

近年来，随着弘扬中华优秀传统文化的呼声越来越高，国学越来越受到重视，经典阅读也越来越受到关注。各种版本的关于经典的注解、心得、体会以及各种有关经典普及的书籍也如雨后春笋般出现在书店、图书馆甚至书摊上。面对形形色色的各种经典书籍版本，我们该如何选择？版本选择与经典阅读到底存在什么样的关系？这些都是我们在阅读经典时首先要解决的问题。作为图书馆工作者，掌握一定的版本知识，明确经典版本与经典阅读之间的关系，对于引领社会阅读，做好导读工作，有着重要作用，这也是我们的责任和义务。

第一节　什么是版本

面对浩如烟海的经典书籍，我们穷其一生，所读也毕竟有限。在有限的时间内，要想尽可能多地阅读经典以获取知识，必须有所选择。所谓"工欲善其事，必先利其器"，要正确地选择版本，就要先掌握一定的版本知识。

---

* 吴金敦，山东省图书馆副研究馆员，研究方向为图书馆学、阅读推广等，著有《像名人那样读书》等，发表《田士懿金石学著述考略》等论文多篇。

一、"版本"的来源

要选择版本，首先要弄明白什么是"版本"。《说文解字》云："片，判木也。从半木。""版，判也。""牍，书版也。"①"版"的本义，原本是指木片，引申其义，竹片也可以称"版"。后来，古人为了更多、更方便地记录文字，使用了缣帛。记录用的缣帛很长了，就需要卷起来，以便存放。为便于卷放和阅读，便在其中安一木轴，称为一卷。我们现在还常称古籍有多少卷，原因便在于此。卷起来的缣帛放在书架上，露在外面的轴头，便称为"本"。所以，"版"的名称源于简牍，"本"的名称源于缣帛。②"版本"一词最先出现在宋代文献中，本指雕印的版本。虽然和"版""本"原义有所不同，但时间长了，约定俗成，也就这样沿袭下来。后世"版本"连称，用于书籍的形制特征，以泛指同一部作品在不同时间、不同地点、不同著（译）者的印刷本，或同一领域内不同的著作等。善于读书者，总要先懂得一些版本知识，这样才更利于选择到好的本子，也才能更好地领略书中要义。

二、版本学的研究对象

了解了"版本"的来源，还要懂一点版本学的知识。长期以来，"版本学"已成为一种专门学科，有人认为它是目录学或校雠学的一部分。版本学所研究的对象，基本上包括了书籍的各种形式，如碑刻、写本、印本、刊本、稿本、抄本、题跋本、活字本等。戴南海的《版本学概论》指出，版本学的研究对象一是历代书籍制度和镌刻体例，二是各种图书版本发生和发展的历史，三是各种图书版本的优劣异同，四是书籍版刻、印刷、装帧各方面的技术和演变发展成就。③读书既然要讲究版本，就要先了解一些版本的基本形制和演变历史，但更重要的是把握一些版本优劣的常识，尤其是读经典，不必像古人那样追求宋刻、善本等，因为我们首先是读书求知的，而不是收藏者或者图书馆那样的收藏机构。

---

① 〔汉〕许慎撰，〔清〕段玉裁注 . 说文解字注 [M]. 上海：上海古籍出版社，1981：318.

② 张舜徽 . 中国文献学 [M]. 上海：上海古籍出版社，2009：42.

③ 戴南海 . 版本学概论 [M]. 成都：巴蜀书社，1989：8.

三、古人对版本的推崇

一部书从古至今流传下来，其中必然会有各种本子传下来。而且很多书籍传播广泛，到处可见，国内的书籍不断翻印，国外著作不断翻译，特别是一些传统经典著作，更是一注再注、一释再释、一译再译。而且，在流传过程中，很多书籍，特别是古代的简策方牍，由于脱落遗失、传抄讹谬、翻刻错误等，就会出现很多良莠不齐的本子。所以古人非常讲究本子的质量，讲究是何时刻本，何家所刻。根据刻版者不同，有官刻、坊刻、家刻等；根据刻版时代不同，有宋刻、元刻、明清刻等；根据刻版地域不同，有浙本、蜀本、闽本等。古人讲求版本，注重的是各种刻本在纸张、墨色、字体、版式、行款、装帧等形制上的不同，更为重要的是书籍内容上的不同，如分卷如何、文字讹误率、繁简详略等。一般来讲，官刻大多质量较好，但一些坊刻本也不错，而从时代上讲，宋刻本更是很多藏书家所追逐的对象。

对于版本的尊重，是以前读书人一贯的传统，这固然有古代印刷术不发达、品质好的印本不易得等原因，但读书人对书籍的敬重与珍视是现代人足可借鉴的。中国自古就多有藏书家，清代学者洪亮吉将藏书家分为五等，分别是考订家、校雠家、收藏家、赏鉴家、掠贩家。但不管是哪种藏书家，对版本的讲究和追求，是他们不变的特点。[①]对于古代藏书家来说，好的版本可谓考订可据、校雠易行、收藏价值高、赏鉴愉悦、市场利润高。而且，对于文人学士或大多数读书人来说，当然也是有善本可读更佳。好版本在读的时候除了能帮助我们获取知识外，还令人产生一种愉悦感。

四、版本知识对读书选择的重要性

不懂点版本知识，就不知道何本优、何本劣，如果读了误本、劣本，非但不能掌握原意，甚至可能闹出笑话。颜之推在《颜氏家训·勉学篇》中记载了这样一个故事，说江南有一个权贵，读了误本《蜀都赋》，里面注解有"蹲鸱，羊也"，"羊"实为"芋"字之误，"蹲鸱"的意思就是指像蹲伏着的鸱鸟一样的大芋头。后来有人给这位权贵送来羊肉，权贵作书答谢称"指惠蹲鸱"，弄得送

---

① 李致忠. 古书版本鉴定 [M]. 北京：文物出版社，1997：8.

礼者一头雾水，经过查访才知如此缘由，是读误本而闹出了笑话。[①]因此，不论是中国传统经典还是外国经典名著，在读的时候一定要选好版本。

第二节　为什么要选择版本

词学专家曾大兴认为"阅读古典文学要注意找好的版本"[②]。不仅仅是古典文学，要阅读经典书籍，都要找好的版本。读书要选择版本，或者说应选择"善本"，本子质量的优劣，直接影响到我们的阅读效果，这就首先要了解影响版本的因素有哪些。

一、读书要选"善本"

古人读书或藏书讲求"善本"，我们今天读经典，也要讲究读"善本"。这里所说的"善本"和传统版本学意义上的概念有所不同，而是泛指一些好的本子，是更注重内容方面的。内容方面当然也会通过一些外在形式如作者（注者、译者等）、出版社等表现出来，这个下面再说。选不对版本，得到的知识或者是片面的，或者是错误的，甚或会在某一个知识点上南辕北辙。这和看病就医一个道理，选不对医生，便不能对症下药。曾国藩在《圣哲画像记》中说：

> 书籍之浩，著述者之众，若江海然，非一人之腹所能尽饮也，要在慎择焉而已[③]。

古人特别是志于藏书者，多重旧本、宋椠等，认为其质量上乘。但不是说凡旧本、宋椠等都是"善本"，没有什么瑕疵。所谓"善本"没有绝对，只有相对。钱大昕在《十驾斋养新录·宋椠本》中说：

> 今人重宋椠本书，谓必无差误，却不尽然。陆放翁《跋历代陵名》云："近世士大夫所至，喜刻书板，而略不校雠，错本书散满天下，更误学者，不如不

---

① 〔南北朝〕颜之推. 颜氏家训 [M]. 北京：中国华侨出版社，2014：132.

② 曾大兴. 阅读从名著开始 [EB/OL].[2015-05-09].http://finance.sina.com.cn/roll/20100613/04108112792.shtml.

③ 〔清〕曾国藩. 圣哲画像记 [M]. 上海：世界书局，1936：1.

刻之为愈也。"是南宋初刻本已不能无误矣。张淳《仪礼识误》、岳珂《九经三传沿革例》所举各本异同甚多，善读者当择而取之。若偶据一本，信以为必不可易；此书估之议论，转为大方所笑者也。①

二、版本流传及翻刻的因素

古人认为，书籍多翻刻一次，就可能多一些错误。文献学家陈乃乾在《与胡朴安书》中举例说，有"鲁"变为"鱼"，"亥"变为"豕"者。②除错字外，在长期的书籍流传、翻刻过程中，还常会出现脱句或刻印者随意增损的现象。这种文字方面的讹误、增损，直接影响到文本的内容，严重的或能影响文本的原意，甚至南辕北辙，对读者造成理解上的误导。古人重校勘，尚知误不可免、当"择而取之"，更何况在版本泛滥的今天？！

三、校勘精粗的因素

张之洞在《书目答问·略例》中说：

读书不知要领，劳而无功。知某书宜读，而不得精校精注本，事倍功半。③

孙从添在《藏书纪要》谈到校雠时说：

古人每校一书，先须细心绅绎，自始至终，改正错误，校雠三四次，乃为尽善。④

版本校雠的精细与否，是影响本子质量的重要因素之一。古人校书，多需数人，有读、有校，碰到疑难或拿不准的地方，或者对照其他刻本，或者集体研究讨论，或者求教于博学之大家，目的就是要力求内容准确。即便如此，也不能做到完全没有讹误。在今天，书籍内容的精当与否，主要是看作者（注译者）、出版社是否真能用心去审校文本中的每一个章节、每一段文字。校勘精粗不同，则本子质量有优劣之分，这就需要我们在选择读本的时候细心鉴别。

① 〔清〕钱大昕.十驾斋养新录 [M].上海：上海书店出版社，1983：439.

② 张舜徽.中国文献学 [M].上海：上海古籍出版社，2009：56-57.

③ 〔清〕张之洞.书目答问：略例 [M].上海：商务印书馆，1935：2.

④ 〔清〕孙从添.藏书纪要 [M]//〔明〕祁承爜，等.澹生堂藏书约：外八种.上海：上海古籍出版社，2006：40.

四、作者、注译者态度和水平的因素

近些年来，随着国学热、传统文化热，很多经典图书大量翻印，出现了很多不同版本的文史名著，而且出现了许多"重读""心得""真相"之类的解读性书籍，多是一家之言，良莠不齐。笔者曾偶见一本给儿童看的带注音的图文本《论语》，作者是一位"爱好者"，书中很多注音是错误的，注释很多不准确甚至讹谬，间或带一些自己的"见解"——这样的关于经典的本子，若是推广到孩子们的手中，那可真的是要误人子弟了。好的研究者、注释者，会用比较科学严谨的态度把古典著作客观地注解给读者，有争议的注、译，会把不同名家的注译放在一起，供读者自己去理解和把握。所以，好的本子，会把经典著作比较客观地呈现给读者，而不是像一些"解读者""爱好者"那样，去"代替"读者阅读。作者（注译者）的经验、知识储备不同，目的不同，对同一问题的看法就会有不同，特别是对一些经典，甚至会出现打着"正说"的旗号而"歪说"的现象，这就会给读者的阅读带来不同程度的障碍。尤其是那些初入门的经典著作阅读者，分辨能力不强，很容易受这种本子的误导。

五、出版社的因素

我们现在走进图书馆或者书店，会看到书架上琳琅满目的书籍，按照分类去寻书的时候，总会发现内容相近的书有多种版本，让人眼花缭乱，无从下手。同时，图书的版本多了，无论印刷的质量，还是内容方面，都是参差不齐。而出版社在把控版本质量方面起着十分重要的作用。除了前面提到的出版社在审校时是否精细外，其他一些因素也会影响出版社对书籍质量的把控。一是出版社是否对著作者、译注者本身的文本质量有一个比较严格的把握；二是书籍印刷质量包括装帧、纸质等方面是否有保证；三是出版社对经典图书的出版优势在哪里，比如一些出版社在传统经典的再版和影印、国外经典名著的译作、儿童经典等方面各有所长（后文论及选择经典版本的方法时再做详述）。出版社的选择没有绝对性，但要在综合考虑以上因素的基础上，认真选择。

六、选择版本是为了更好地达到阅读的目的

书籍流传中的变化（讹误、脱句、增损等）、出版社的责任心、作者的水平、

校勘者的态度、出版的目的（很多作者是为了出名获利、哗众取宠）、书籍本身的质量等，都会直接影响我们的阅读。而且，随着文献的日益增多以及一书多版，更是泥沙俱下。古人为藏书而校书，为刻书而校书，但无论怎样，校是为了读，是为了不贻误后人。今天，一部书出版质量如何，是否更宜用来读，在很大程度上取决于编者、出版社的素养水平和认真与否的态度。读书选不好本子，费时费力不说，而且获取不到多少真知识。在全社会重视阅读推广的今天，选择好的版本是用来读的，所以说，选择版本的过程其实就是选择读本的过程。阅读的本子选不好，那阅读的结果可能真的会"事倍功半"。

当然，只掌握上述一些内容是远远不够的，要多看一些版本学的相关书籍，多了解一些著（译）者、出版社的相关信息，如此才能更好地向读者、向社会介绍经典版本的一些比较实用的选择方法。

第三节　经典版本选择的方法

阅读经典，要选择"善本"，那么什么样的本子算是"善本"呢？郑樵在《校雠略》中论及"求书之道有八法"时说，"当不一于所求也"[1]。经典版本的选择也应如此，主要还是应该从出版社、著作者、译注者、版次等方面去考虑。也就是说，在选择经典版本的时候，要结合个人的阅读需要，适当地选择版本。传授一些读本选择的相关知识，是图书馆人经典导读工作的重要内容之一。

一、主要原则

要选好经典版本，关键是要选择那些质量优良、内容翔实、观点可靠的本子。

所谓质量优良，主要看书籍的装帧、印刷如何，有没有脱页、污损、错页、残破等，以及字迹是否清晰、墨色是否均匀、纸张质量如何。质量优良的本子便于保存，方便阅读。但装帧不必过于追求精良程度，现在有些为追逐利润而出版的礼品书、豪华版，比如一些装帧豪华的四大名著、四书五经等，不但价格是"天

---

[1]〔宋〕郑樵.校雠略[M]//郑樵.通志.北京：中华书局，1987：833.

价"，且部头沉重，并不适合日常阅读，只不过方便放在书架、案头装装门面罢了。

所谓内容翔实，一是详尽全面，一是足可信赖。中国的一些传统经典，由于年代久远，很多内容不易理解；且长期以来往往出现多家注（译），如果没有较详尽全面的注解，很容易造成阅读障碍。对于某处多家注（译）有分歧的，如果能把几家之言都有所附注，供阅读者自己理解把握，则既提供了方便，又发挥了引导阅读的功能。如果注译者、校印者本身素养水平达不到，对一些知识点不加考证而想当然，必然会误导读者。比如《唐诗三百首》的某个版本，对刘长卿《听琴》一诗有"静听'松风'寒"的标点，便是错误。因为"松风寒"本是一首古曲名，这结合本诗的上下句便可看出，作者是在"泠泠七弦上"听的一曲"古调"，而标点者把"松风"当成曲名，把"寒"当成对"松风"的修饰词，一字之差，意境大变。如果把松风当作"松林之风"，那更是要贻笑大方了。内容详尽全面了，且有了名家注译，相对来说就是几经考证的版本，那也就是足可信赖的本子了。当然，如前所述，没有十全十美、完全没有错误的"善本"，我们只是应该尽量选择那些把错误率降至最低的本子。

所谓观点可靠，主要是看作者的学术水平，包括作者对经典作品主旨思想的总体把握，以及注、译等的观点。有的作者受自身学识阅历的影响，同时受读过的经典版本的质量影响，会造成对作品、字句的理解不够准确，或者附加上自以为是的观点，从而造成观点的偏颇甚至错误。[1]依赖观点偏颇甚至错误的本子去阅读经典，来指导自己或他人学习，自然会受这些观点的影响，如果作者的辨别力不强，势必会让这些观点牵着鼻子走。所以，在阅读经典的时候，还是要尽量地回归原典，多读一些名家、大家的注译本，因为这些本子相对比较客观；少读一些"解读""心得"之类的一家之言，因为这些本子容易观点片面。

二、注意版本选择的层次性

经典版本的选择要讲究层次性，不同的阅读需求有不同的版本选择方式。如果是入门的话，可以去选择一些通行本，如一些精善的译注本，这些本子带有普及性，注译比较清晰全面，对于初读经典的人尤其是中小学生，是较好的

---

① 李志刚.图书版本的选择与文史书籍的阅读[EB/OL].[2015－05－09].www.doc88.com/p-6973726589416.html.

选择。比如余冠英的《诗经选》（人民文学出版社）、褚斌杰的《诗经今注》（人民文学出版社）、杨伯峻的《论语译注》（中华书局）（图5-1）等。通行本可以让我们很容易地对经典著作进行通读，总体把握经典的主旨意思，为下一步的深入阅读和研究打下良好基础。选择通行本，要注意选"精本"。所谓"精"，首先是内容上的，包括注和译；其次是精印。文本不精，甚至讹误、漏洞百出，那只能是贻害读者了。如果是要做研究，选择版本更要注意，层次要再高一些，普及本先不要拿来用。不是说这些本子不好，这些本子在经典普及方面是发挥了很大作用的，但要做研究的话，还是应该多读、多用一些精注本或疏

图 5-1 杨伯峻《论语译注》

本。一些古今学问大家、研究水平较高的作者的本子当然是首选。这些本子的内容和作者的观点拿来引用和论证，才具有说服力和权威性。如果你的一篇学术论文引用了一本面向儿童的普及本的内容，恐怕是说不过去的。而那些业余爱好者的发挥之作，即便是入门也不要读的好，更遑论拿来做研究了。一般来讲，小学生或学前儿童可多看些图文本；中学生可看些文白对照的译本；大学生不妨看些注译本；做专业研究的，可看些注疏本、点校本、汇本。当然，不管是哪种层次的阅读，最好还是要回归原典，如此才能更好地去把握经典著作中的意味。

三、出版社的遴选

选择版本的时候，出版社是很重要的。中国的传统经典如四书五经、古籍类的今印本等，像中华书局、上海古籍出版社、岳麓书社、齐鲁书社都不错。中华书局的书一般字体较大，读起来较舒服，特别是竖排繁体的很有味道，有时还有影印本、手抄本等，适合综合素养较高的读者。另外，浙江古籍出版社、山西古籍出版社、人民文学出版社等也是不错的选择。除国外名著、儿童读物外，如果是普通读者，要读文学类经典，人民文学出版社等是不错的选择。普及性、

学术性兼有的经典类书籍，可选择商务印书馆等，尤其是工具类书籍（如《现代汉语词典》等）。外文译本方面，上海译文出版社、译林出版社、人民文学出版社等都可以。儿童类经典书籍如人民文学出版社、中国（及一些地方）少年儿童出版社等都可作为选择的对象。表 5-1 将国内几个主要经典门类的出版社举例如下：

表 5-1　主要经典门类出版社例表

经典门类	出版社举例
中国传统经典，如四书五经等	中华书局、上海古籍出版社、浙江古籍出版社、齐鲁书社、岳麓书社、人民文学出版社、山西古籍出版社等
传统经典名著，如四大名著等	中华书局、人民文学出版社、上海古籍出版社等
文学经典	人民文学出版社、作家出版社、百花文艺出版社、上海文艺出版社等
儿童类经典	（中国、省）少年儿童出版社、人民文学出版社、明天出版社等
国外经典译著	上海译文出版社、译林出版社、人民文学出版社、外文出版社等
名人文集	中华书局、人民文学出版社、商务印书馆、作家出版社等
工具书类	商务印书馆、上海辞书出版社、书目文献出版社等

好的出版社，校勘大多认真仔细，作品多是在某一领域研究多年，颇有心得的专家所著译；相比于一般的本子，往往更有思想性，更有助于读者理解著作内容。

四、著（译注）者的斟酌

再就是看作者或注译者。没有一定功底的著（译注）者的作品，最好不要选择。比如读《诗经》可以选择程俊英、蒋见元著的《诗经注析》（中华书局"中国古典文学基本丛书"之一种），繁体竖排，注解和分析都比较详细，并有注音；或者程俊英、周振甫的《诗经译注》（程本为上海古籍出版社"十三经译注"之一种（图 5-2）；周本为中华书局"中国古典名著译注丛书"之一种（图 5-3）；褚斌杰著的《诗经全注》（人民文学出版社）等。

图 5-2 程俊英《诗经译注》

图 5-3 周振甫《诗经译注》

　　读《论语》的话，如杨伯峻的《论语译注》（中华书局"中国古典名著译注丛书"）是比较好的通行本；另外，钱穆的《论语新解》、李泽厚的《论语今读》等也不错。再如《史记》和《资治通鉴》等，中华书局的本子是不错的（图 5-4、图 5-5）。这不是说唯作者（注者、译者）的论调为准，只是对于鉴别力稍差的读者来说，选择差的本子或盗版书，很容易受到歪理杂说、讹误的影响，从而失去读经典的意义。

图 5-4 中华书局版《史记》

图 5-5 中华书局版《资治通鉴》

五、名著版本的考量

一些人们耳熟能详的名著，版本更是多得数不清，所以更要尽可能地选择比较权威的出版社和注译者、点校者。以《三国演义》为例，明代以来的主要版本有明嘉靖本《三国志通俗演义》、明志传本《新刻按鉴全像批评三国志传》、明李卓吾评本《李卓吾先生批评三国志》、清李笠翁评本《李笠翁批阅三国志》、清毛宗岗评改本《四大奇书第一种》等。现存最早的刻本是嘉靖本，另有弘治刻本《三国志通俗演义》，内容文字较为平易。现在最为通行的是清康熙年间毛纶、毛宗岗父子辨正史事、增删文字修改而成的 120 回本《三国演义》，也就是通常所称的"毛本"（图 5-6）。近代比较著名的有吴凡林的《三国演义校注》，沈伯俊的《校理本三国演义》等。其中，沈氏《校理本三国演义》校正了原本中的"技术性错误"多达七八百处，①受到国内外学术界同行的高度评价与广大读者欢迎，被称为"沈本三国"，乃至有人评论其为最好的《三国》版本，但同样也有人批评其有错误。所以说没有最好的版本，只有相对更好的版本。而其他如人民文学出版社的普及本也不错（图 5-7）。《三国演义》是历史小说，如果想更多地了解史实，计划去读一读《三国志》，那首选当然是裴松之注的《三国志》了。

图 5-6 中华书局毛评本《三国演义》

图 5-7 人民文学出版社普及本《三国演义》

---

① 沈伯俊. 再谈重新校理《三国演义》的几个问题 [J]. 明清小说研究，1997（2）：8.

再比如说《红楼梦》，如果是中文系的学生，要学习《红楼梦》的语言艺术，甲戌本是一定要读的。如果是普通读者想通过阅读《红楼梦》了解些传统文化，加强自身修养，甲戌本便不太适合，因为这个本子是残本，存目只有二十八回，缺失太多，可以选择人民文学出版社或上海古籍出版社的普及本来读，如《周汝昌汇校红楼梦》（上、下，人民文学出版社）等。如果有带"脂批"的更好，如齐鲁书社的《脂胭斋评批红楼梦》（上、下）（图5-8）等。而乾隆程甲本（图5-9）、程乙本，则是研究《红楼梦》的宝贵资料，只是比较稀见。

图5-8 齐鲁书社版《红楼梦》

图5-9 中国书店版《红楼梦》

再以《资治通鉴》（以下简称《通鉴》）为例，在《通鉴》注释中，成绩最突出的是宋末元初的胡三省，其完成《资治通鉴音注》294卷，对《通鉴》做了校勘、考证、解释，并对史事有所评论，对于阅读《通鉴》大有裨益。目前较为通行的还有中华书局出版的《通鉴》标点本。《通鉴》是大部头的书，初学者读之未免吃力，这时可以先做一些准备，比如可先去读一读柴德赓先生的《资治通鉴介绍》。该书是本小册子，是1963年柴德赓先生的讲课记录稿，讲得深入浅出，有很多读书的经验体会，非80年代以来很多"高大上"的"通鉴学"著作可比，对于初学者有很大帮助。[1]除此之外，在港台地区还流行柏杨

---

① 怎样看《资治通鉴》才能收获最大 [EB/OL].[2015－08－20].http://zhidao.baidu.com/link?url=dnlhsh8f6FfKt9V nS5Zj4k_5GhCf5VcGOjea_fYy3Z30gkQY1m4031ZsU4KnbsPTbauw_Cry2_krf_Ak4wxVh.

的白话本《资治通鉴》(大陆版由中国友谊出版社出版)。柏杨认为,对于惯读现代汉语而较少古文字造诣的现代人而言,要真正读懂这部巨著可谓"难于上青天"。而借助工具书研读,将花去大量时间,于现代快节奏的忙碌生活而言,实在不可想象。于是,柏杨改原本"编年体"为"纪事体",以白话叙事方式将这部经典呈现在大家面前,并力图在忠于原文基础上译出固有神韵,目的是让这部经典得到更广的流布。这就又涉及白话本的问题,经典白话译本对于经典的普及确实是不错的选择,不仅《通鉴》,如今很多传统经典如《诗经》《史记》等,都有白话译本。但这些白话译本良莠不齐,甚至一些白话本纯粹是个人的随意发挥,失去了原著的主旨和神韵。对于白话译本,在选择的时候一定要慎之又慎,因为读白话译本的多是普通读者或青少年朋友,鉴别能力不强,在选择的时候尤其要注意选择比较好的出版社,一些大家、名家的译本,才能保证内容质量,保证经典的原味儿。如果不是过于吃力的话,要读经典,特别是初学者,最好还是选择一些注译比较详细或者文白对照比较好的本子,如前面提到的杨伯峻的《论语译注》等。

六、电子版本的选取

随着网络和数字化技术的快速发展,越来越多的经典著作的电子版本出现在网络上,主要以电子书的形式出现。电子书的特点是查询更加方便、快捷,主要格式有 TXT、PDF、CAJ、EXE、EPUB、CEB、STK、XPS、WDL、NLC(国家图书馆的电子书格式)等。我们常见的格式主要有 TXT、EXE、PDF、CAJ 等。TXT 格式简单方便,比较通用;EXE、PDF 格式比较美观,EXE 更为赏心悦目;CAJ、PDF 多出现于一些数据库如清华同方的阅读格式中。除电子书外,网络上还有一些 WORD 文档类、数据库类、文库类的"书籍",甚至有阅读推广者或爱好者以博客、帖子、论坛等形式将经典著作发布在网上。读这些"书籍"的时候,尤其要注意其准确性、详略程度等,一定要做好鉴别和参照,尽量选择一些正规的电子书或数据库去阅读,如要读一些传统经典、古籍经典最好是选择中华书局等版本的电子书。同时要特别注意版本的信息,如作者、译注者、出版社等。

七、版本选择的其他参考依据

除以上要考虑的因素外，选择版本时还要充分利用其他一些参考依据，主要是序跋和一些推荐书目，另外就是装帧形式等。

（一）序跋的参考性

在阅读时，切不可忽略经典书籍的序跋。经典书籍大多在序跋中会详述该书的创作背景、流传过程、内容特色、主旨思想等，是一部书的纲领部分，不容忽视。而是否有详细的序跋，也是判断一部书是否是好版本的重要依据之一。张之洞在《輶轩语·语学篇》论及"读书宜求善本"时说：

> 善本非纸白版新之谓，谓其为前辈通人用古刻数本，精校细勘付刊，不讹不阙之本也。此有一简易之法，初学购书，但看序跋，是本朝校刻，卷尾附有《校勘记》，而密行细字，写刻精工者，即佳。①

足见序跋在判定一书是不是"善本"时的重要性。

（二）推荐书目的参考性

一些推荐书目，也是版本选择时的重要参考，因为一些推荐书目总会涉及所荐书籍之作者或出版社。如梁启超《国学入门书要目》，所荐书籍基本都涉及作者，还有一些解释。如在提到《论语》《孟子》时，推荐了朱熹的《四书集注》、戴望的《论语注》、焦循的《孟子正义》，并注明这些都是注释之书。在推荐有关《说文》的段玉裁《说文解字注》（图5-10）、朱骏声《说文通训定声》、王筠《说文释例》时，梁启超在注释里说：

> 段著为《说文》正注，朱注明音与义

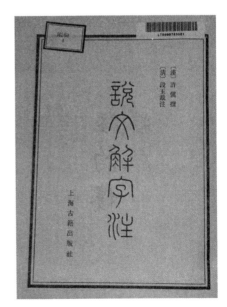

图5-10 上海古籍出版社段注《说文解字注》

---

① 〔清〕张之洞.輶轩语：语学篇 [M]//苑书文，张华峰，李秉新，等.张之洞全集.石家庄：河北人民出版社，1998：9789-9790.

之关系，王著为《说文》通释。读此三书，略可通说文矣。[①]

不但推荐了读《说文》需读的三部书，而且说明了这三部书的特点与关系。现在很多经典推荐书目除罗列书名外，还会注明作者、出版社、出版时间等，有的还会分"文学艺术类""史学类""哲学类"等多种类别，成为读者选择版本的重要依据。西南交通大学 2015 年经典阅读推荐书目共荐书籍 100 种，每种都注有作者和出版社，并有多种版本推荐。如：《易经》就罗列了苏勇点校本《易经》（北京大学出版社），金景芳、吕绍纲著《周易全解》（上海古籍出版社），黄寿祺、张善文撰《周易译注》（上海古籍出版社，图 5-11）三种版本；《诗经》罗列了余冠英选注《诗经选》（人民文学出版社），王秀梅注解版《诗经》（中华书局），程俊英、蒋见元著《诗经注析》（中华书局）三种版本。对于外国名著，也有三

图 5-11 上海古籍出版社版《周易》

种版本推荐，如：《奥德赛》推荐了王焕生译本（人民文学出版社）[②]、杨宪益译本（上海译文出版社）、陈中梅译本（译林出版社）；《伊索寓言》有罗念生译本（人民文学出版社），吴健平、于国畔译本（上海译文出版社），王焕生译本（人民文学出版社）。再如清华附小的推荐书目[③]则是分年级、分学期推荐，且有必读书目和选读书目，皆注明作者和出版社，并逐年修订，对于儿童经典阅读版本的选择起到了良好的指导作用。在清楚看到推荐书目对版本选择的指导性作用的同时，也要认识到任何一部推荐书目，都不可避免地带有推荐者的主观性，而且任何个体的阅读也都具有主观性。所以，推荐书目可作为版本选择的重要参考，但不可作为唯一标准，成为选择版本的框框。

① 学养斋.经典导读：大师的国学课[M].保定：河北大学出版社，2008：225.

② 西南交通大学经典阅读推荐书目（2015 版）[EB/OL].[2015－04－21].http：//libserver.swjtu.edu.cn/ArticleContent.aspx?ID=1848.

③ 清华附小推荐书目 2014 版[EB/OL].[2015－04－21].http://wenku.baidu.com/view/5dc2813da26925c52cc5bfb8.html.

（三）装帧形式

书籍的装帧形式，是一本书的脸面，就像是一个人的外貌。中国古代书籍装帧形式多样，有卷轴装、经折装、旋风装、蝴蝶装、包背装、线装、梵夹装（贝叶装）等。这些装帧形式不仅是书籍的外在体现，而且在很大程度上体现了书籍装帧形式的历史发展和文化。对于纯粹研究版本学或致力于收藏的人来说，各种装帧形式都是重要的研究对象。现在书籍的装帧形式，大多是精装、平装，还有些线装等，讲究一些的可能还会加一些函套类的东西。现代人读经典，不必过多在意版本的装帧形式，不可"以貌取人"，一些装帧精致、包装豪华的本子很可能是用来作礼品、装门面、抬身价的，内容质量方面不见得就好。当然，一些装帧粗糙，比如纸质低劣、容易脱页、字迹模糊不均匀等，这样的本子，要么是出版社不认真、不负责任，要么很可能是盗版书，这样的书读了有害无益，最好不要去选。所以，读经典当然要选择一些装帧较好的本子，但不可过分追求华美的包装。

任何一种版本都不可能是完美的，出版社在排印的时候可能会产生瑕疵，作者在写作的时候可能会出错误，而且在论述过程中，难免会融入自己的观点和见解，尤其是在一些语句的翻译、注释、注音等方面，会出一些讹误，或者在一些有争议的观点上会体现自己的想法。因此，如果要深入地了解著作内容，弄明白一些章节语句，不妨多找几个不错的本子对照着读，有差异的地方多比较一下。若还是疑惑较大，可以多请教一些专家学者，听听他们的看法。只有这样，才能完成从选择版本到真正阅读经典的升华。

第四节　国外经典著作和儿童经典阅读版本的选择

之所以把国外经典著作和儿童经典版本单独拿出来讲，是因为国外著作都会涉及翻译的问题，也就涉及译者和译本的选择，在某种程度上，比起我们国内传统经典版本的选择更具有专业性。而儿童经典版本的选择，则更多涉及普及性、可读性，要充分考虑儿童的阅读和理解能力，比起一般著作版本的选择更具有针对性。

一、国外经典版本的选择

读经典，不应固宥于传统的经学著作，而应该是更广泛意义上的。经、史、子、集皆有经典，近现代亦有经典，当然还应包括外国经典著作。所以说，读经典，绝不是读几本传统意义上的"经"。

（一）"译"是选择的关键

20世纪80年代以来，随着改革开放，外国文学又开始在国内活跃起来，对国外经典著作的翻译也如雨后春笋般多起来。对于外国名著，有能力的当然是看外文原版，更能领悟其中神韵，但丁就认为，诗歌是不能被翻译的，当然这是从保留诗歌的本质之美角度而言。对于外国经典作品，如果不精通其语言是无法读的，所以必须先译后读。直译、意译、对同一语句的不同理解，都会产生不同的结果。只要是译得顺畅，不失原著风貌与神韵就是比较好的本子。对国外经典著作译本的选择，当然首先要看译者。翻译者须有较深的功力，光是外语好是不行的，得让国内读者看得懂、看得顺畅，尽量消除阅读障碍才可以。要尽量选择一些知名译者的译本，这些译者在态度上大多比较认真。一些新译本的译者总希望自己能够"推陈出新"，但出的"新"未必是好的，在不能判定其质量的情况下，还是应该读那些经过实践检验的作品。不同的译者会有不同的翻译手法，许钧先生认为："对原作风格的不同认识和不同的处理方式也在一个侧面反映了各自的翻译观。"[①]但还是不要失了原作的风貌和神韵，失了原作者的思想主旨为好。以《红与黑》为例，20世纪90年代初翻译界围绕汉译问题展开了一场讨论。总体来看，《红与黑》从罗玉君译本（1979年唯一中译本，图5-12）到后来的郝运新译本（上海译文出版社），以及闻家驷、郭宏安、许渊冲、罗新章等诸家译本，可谓各有千秋。[②]从功力上讲，他们的本子都有很强的可读性，要读的话，还是要看自己喜欢哪一种风格。如果想搞一点研究的话，那就多选几家译本对照着读。

（二）选好出版社

国外著译的出版社的话，像人民文学出版社、上海译文出版社、译林出版

---

① 许钧. 文字·文学·文化：《红与黑》汉译研究 [M]. 南京：南京大学出版社，1996.

② 许钧. 文字·文学·文化：《红与黑》汉译研究 [M]. 南京：南京大学出版社，1996.

社、浙江文艺出版社、广西师范大学出版社、江西教育出版社等，都是不错的选择。比如《复活》，北京人民文学出版社的汝龙译本、上海译文出版社的草婴译本；比如《简·爱》，上海译文出版社的祝庆英译本、译林出版社的黄源深译本；比如《巴黎圣母院》，人民文学出版社的陈敬容译本、上海译文出版社的管震湖译本（图5-13）；比如《安徒生童话》，人民文学出版社和译林出版社的叶君健译本，等等。凡涉及翻译的书，一定要先预览再选择版本。二是尽量选老社、大社出的版本，这些出版社大多经验丰富，排印仔细，图书质量上乘，读起来更舒服。在此基础上，再去选择自己喜欢的译文风格，如果见到"改编""改写""译写""编译"之类的版本，在选择的时候还是慎重为好。总的来说，选择译本的时候，要注意选择名社、名家、名译，因为这样相对有质量保证。

图5-12 罗玉君译本《红与黑》

图5-13 管震湖译本《巴黎圣母院》

二、儿童经典版本的选择

随着经典的日渐普及，图书馆、学校、家庭、社会，越来越重视对儿童阅读经典的引导。儿童经典版本的选择，主要是注意以下几个方面。

（一）儿童经典版本选择的原则

儿童经典版本的选择应该注意几个原则。一是分类原则。不同的出版社，会偏重于某类图书的出版，儿童类图书也是如此，比如文学类图书一般人民文学出版社、少儿类出版社等会比较好。二是适用原则。也就是说必须要注意针对性，选择版本的时候一定要从儿童的角度去考虑，不能从成人的角度出发而想当然，要从孩子的年龄、接受能力、理解能力等多个方面去考虑，合适的才是最好的，比如年龄更小的孩子，图文本、注音本应该是不错的选择。三是兴趣原则。兴趣是阅读的基础，儿童阅读兴趣的养成需要引导，版本在兴趣引导方面也会起到重要作用。对于儿童来说，干巴巴的文字，远不如图文并茂更吸引人，尤其是一些绘本，则更受孩子们的欢迎。

（二）做好引导

由于年龄和阅历的限制，儿童对于经典著作的理解一般来讲存在难度。因此，对于儿童的经典阅读，一般以引导为主，不要过于要求他们深入理解经典，而首先要让他们去熟读经典，以记诵为主。可以先选择一些比较易读的本子，比如《三字经》（图 5-14）、《弟子规》（图 5-15）等，然后随着年龄和理解能力的增长，逐渐选择《唐诗三百首》《论语》《诗经》《孟子》等。鉴于此，在儿童经典版本的选择上，应以基础性的普及本为主。比如对于年龄相对较小的孩子，一些注音本、图文本、绘本、文白对照本等或许更适合。

图 5-14 青岛出版社漫画本《三字经》　　　　图 5-15 上海古籍出版社配图本《弟子规》

一些易理解的经典著作完全可以在老师、家长的辅导下进行通读，如《西游记》、《伊索寓言》、《格林童话》（图 5-16）、《安徒生童话》（图 5-17）等。对于一些大部头的著作，可以读一些选读本，如《史记故事》（浙江少年儿童出版社）等。台湾著名儿童文学作家林良曾给儿童文学下过一个经典的定义：浅语的艺术。在林良先生看来，所谓"浅语"，是指"儿童听得懂、看得懂的浅显语言"。按照林先生的定义，明天出版社 2014 年推出的《世界儿童文学名著绘本馆》就是一套"浅语的经典"，即以儿童的方式进入经典。①也就是说，你所选择的版本，得让孩子看得懂、看得下去才行，否则儿童在面对生涩的经典时，只能产生逆反心理。

图 5-16 北方妇女儿童出版社
《格林童话》

图 5-17 辽宁少年儿童出版社
《安徒生童话》

（三）利用好推荐书目

在选择儿童经典版本的时候，一些推荐书目对于学校、家长在选择儿童读本时具有重要的参考作用。如 2011 年 4 月 21 日国家图书馆正式发布的"中国小学生基础阅读书目"②，包含 30 本基础阅读书目和 70 种推荐阅读书目，按小学低、中、高学段，分别精选出文学类、科学类、人文类等若干本，介绍给广大小学生及家长、老师，旨在为其提供一份科学、权威、公正、独立的阅读书单。

① 名家论阅读：以儿童的方式进入经典 [EB/OL].[2015－05－09]. http://mt.sohu.com/20150326/n410351961.shtml.

② 中国小学生基础阅读书目 [EB/OL].[2015－08－25].http://baike.sogou.com/v73292780.htm.

其中既有《蝴蝶·豌豆花》《小猪唏哩呼噜》《长袜子皮皮》《千家诗》等一批文学名著，也有《中国神话故事》《千字文·三字经·弟子规》《孔子的故事》《昆虫记》《神奇校车》等一批人文和科普图书。2014 年，该书目又有修订版推出，朱永新、王林主编《中国人阅读书目（二）：中国小学生基础阅读书目·导赏手册》，包括书目研制报告、100 本书的书目表、每本书的出版信息（封面、内容和作者简介）、专家导读、书评以及延伸阅读等。[①] 这个书目所选择的书既注重趣味性，又注重知识性，还兼顾教育性，对于儿童经典阅读版本的选择有很大的帮助，足可参考。儿童推荐书目比较多，在选择读本的时候，不妨多参考一些。

至于出版社，如中国少年儿童出版社、一些省级少年儿童出版社、人民文学出版社等，都是较好的选择，在此不再赘述。

第五节　图书馆如何引导读者选好经典读本

如何帮助大家选择好读本，是图书馆引领社会阅读、丰富导读工作的重要内容。而目前图书馆在面向读者所做的版本知识介绍、版本选择培训等，除书目推荐相关内容外，做的工作是不够的，需要进一步加强。

一、掌握相关知识

若要人知，必先己知。图书馆员面向读者介绍版本选择相关知识的时候，要先自己掌握相关知识。版本选择的相关知识前文已详细论述，在此不再赘述。

二、加强图书采访时的版本意识

采访工作是做好文献服务工作的前提和基础，要让读者读到好的经典版本，就要在采访时提前做好版本遴选工作。目前，图书馆采访书目多由图书馆供应

---

① 朱永新，王林. 中国人阅读书目（二）：中国小学生基础阅读书目·导赏手册 [M]. 北京：中国人民大学出版社，2014.

商提供，其他则是《社科新书目》《科技新书目》以及各大出版社提供的书目信息。在经典书籍的选择上，首先应该选好出版社，尤其一些大型出版社如中华书局、上海古籍出版社、岳麓书社、齐鲁书社、人民文学出版社等，要重点关注，然后再看著（译、注）者。当然，要做好以上工作，还是要掌握上述相关知识，如此才能更加得心应手。

三、举办相关活动

请版本学、阅读推广方面的专家，举办讲座、专题报告，向读者讲解版本学基本知识，传授经典读本的选择方法、技巧；举办实物、图片展，如以"好书好版本""好书推介"等为主题的展览，让大家比较直观地了解好的版本是什么形态以及出版社、著（译、注）者等信息；举办实践体验活动，让读者近距离接触图书馆的同时，了解经典版本的相关知识。比如，山东省图书馆连续多年面向中、小学生举办"走进图书馆"主题体验活动，通过讲座、座谈会、实践互动等方式让大家了解图书馆，同时介绍一些"如何选好一本书"的相关知识，活动受到大家欢迎。

四、做好书目推荐工作

推荐书目是向社会进行好书推荐的一种很好的方式，尤其是近现代以来，以经典阅读为主题的推荐书目可谓层出不穷。民国时期，像梁启超、胡适、鲁迅、顾颉刚、朱自清等都拟定过以国学经典为主的推荐书目，颇有影响。20世纪80年代以来，推荐书目迎来新的发展，图书馆、高校、专家学者提出很多经典阅读书目，如北京大学、清华大学都曾发布过推荐书目，在社会上引起较大反响。王余光教授《影响中国历史的三十本书》《塑造中华文明的200本书》等，对中国传统经典阅读的引导起到很好的促进作用。其他如前文所提到的"西南交通大学经典阅读推荐书目（2015版）"、国家图书馆"中国小学生基础阅读书目"等，都是在选择经典版本时很好的参考书目。

图书馆可不定期制定一些面向不同群体的经典阅读书目，如面向普通群众的、大学生或中小学生的。也可联合出版社、图书供应商，参考读者的意见，制作季度性（或半年、一年）"好书榜""经典图书借阅榜"等。如山东省图书馆季度性的"图书借阅榜"，就给读者提供了很好的指导。但是，目前很多"好书榜""借阅榜"的图书信息过于简略，大多只列出书名、著（译、注）者及索书号等，有的甚至连著（译、注）者都不列，这在一定程度上削弱了读者选书时的参考意义。所以，图书馆在制作"经典好书榜""经典图书借阅榜"时，应尽量包含书名、著（译、注）者、出版社、版次等信息，如果再详细一些，可附注简略的内容提要。

五、注重宣传

除上文提到的张贴或在网站公布"好书榜""借阅榜"外，图书馆还要充分利用自身优势，通过制作宣传册、易拉宝，发布信息公告，进行宣传报道等方式，借助网络、报纸、电视、手机等媒介，向广大读者宣传经典阅读选择读本时的知识、经验乃至窍门，以丰富的形式让读者知道，在阅读经典前，选择好的版本是十分重要的。要让大家感到读书是一种乐趣，选书的过程也是一种乐趣。南宋末年翁森作有《四时读书乐》一诗，写尽一年四季读书的无穷乐趣。也许，读书之乐就应从选书开始。

第六节　经典阅读版本选择的几个问题

前面的章节从版本基础知识谈到了经典版本选择的方法，虽然不是很全面，但基本说明了版本选择时应注意的几个方面。不过还有几个问题是在选择或推荐版本时值得我们格外注意的，需要向大家再强调一下。

一、回归原典

要读经典，还是应该尽量回归原典。就传统经典来说，古人有古人的语言体例、表述方式，很多字、词、句，不去看原作，不去看注释，仅靠白话译文和别人的"解读""转述"，不能尽探其中意味。那些把经典著作"煮"成心灵鸡汤或批得体无完肤的作品，读者选择时应该慎重，因为这些版本差不多都会有以偏概全的问题，这个问题前面已多有论及，不再赘述。而至于一些加入很多"戏说"成分，觉得自己能够以"谐"取胜，博人眼球，能够吸引大家兴趣的本子——比如对一些名著、史书的解读——可作消闲之用，但最好不要作为阅读经典的蓝本。当然，如前所述，儿童适当读一些图文本、注音本、绘本、文白对照本等，是能够起到很好的辅助阅读的作用的。

二、关于版次和版本的时代性

从古籍版本知识角度来讲，经典书籍的版本主要有抄写本和刻印本两类，从版次角度来讲，大体有原刻本、重刻本、修补本、递修本、影印本等，当然还有仿刻、翻刻、覆刻、影刻等称谓。从刻书机构方面讲，主要有官刻、私刻、坊刻等。我们今天讲版本，不同于古人讲版本。古人讲版本多讲求这个版本是什么时代刻的，是官刻、坊刻还是私刻，是何地所刻、何人所刻等，官刻本一般质量比较值得信赖，一些好的坊刻、私刻也是不错的选择。但正如前面所述，在长期的流传过程中，原刻本一是不可多得，二是数经翻刻，或出讹谬。今天我们接触更多的是经典书籍的重印或影印本，这就涉及初版和再版的关系。《论语·子罕》里说："子曰：后生可畏，焉知来者之不如今也。"社会在进步，观念在发展，在选择版本时，也要用发展的眼光。初版一般还是值得信赖的，但也不可迷信，也可能存在错漏。再版（还有一版、二版、三版……）在质量上随着层层审校多会有所提升，但也不是绝对，比如会有一些内容上的删减，删减本的信息不全，在读的时候可能会对理解造成困难。还有一些再版书，除了出版社提高价格、改头换面外，别无其他。另外，作者受所处时代和所见资料的限制，尤其是在解读经典时得出的结论也会有一定的局限性，彼时的观点（包括注解、译文等）在今天看来可能就未必正确。由上可见，从古今差异和社会发展的角度讲，版本的选择是具有时代性的。

三、读本与藏本的问题

除了读的需要，古人追求版本在很大程度上是为了藏。因为古人除了读书，多好藏书，若得一宋版珍本，一定是如获至宝的。钱基博《版本通义·读本第三》引了陈其元《庸闲斋笔记》记载的一个故事：有个叫王鼎臣的特别注重宋版书的收藏，常不惜千金购买。一次，他得到一宋椠《孟子》，陈其元请他拿出来看一看，王便"出一椟，椟中有匣，匣中藏书，纸墨皆古，所刊笔画无异当时监本"。陈就问王，读这本书可以增长智慧吗？王说不能。陈又问，能比看别的书多记几行吗？王说不能。陈笑着说，那还不如读现在的监本，何必花费百倍的价钱买这个呢？[①]看来，王鼎臣是把宋元刻本之类当成古董来经营了。所以，经典首先是用来读的，若不是收藏家，不必执著于旧本、珍本或者宋椠之类，只选择一些内容质量值得信赖的版本，满足自己的阅读需要就可以了；若行有余力，热心于书籍珍本的收藏，藏、读结合，自然是锦上添花、相得益彰。

四、数字阅读的发展

我们在前面论及经典版本选择的方法时，已经谈到电子书的选择问题。现在越来越多的人认为，网络化阅读、数字化阅读是阅读形式发展的一个趋势，但我们一定要注意，这种趋势仅是阅读发展的一个方面，而不是说随着这种发展，其他的阅读形式就会被取代。这就涉及传统纸质阅读和数字（网络）阅读的关系问题。技术和时代的发展是不可逆转的，一定要用辩证的态度看待以上问题。数字化版本的特点是更易于查询，更方便快捷，选择的余地比较大，也不太受空间和时间的限制；纸质版本更适合深度阅读，更利于身心健康，更利于精挑细选、静心品味，所以读起来更有味道，而且纸质版本对文化的传承作用更值得珍视。从目前来看，纸质阅读和数字阅读会长久并存下去，不过如果真的想静下心来去认真读一本书，想更好地领略书中精髓、获取思考的源泉、感受阅读的快乐，最好还是去读纸版书。数字阅读所带给我们的改变，一定程度上只是阅读方式的不同。

五、提升自我能力

从阅读个体来讲，阅读更多地是一种个人主体行为，所以在选择版本的时候，主要还是靠自己来选择，这就需要具备一定的选择版本的相关知识。一是版本知识。掌握一定的版本知识，是进行版本选择的基础。二是要了解著者、译注者。除了经典原著，对于解经释典的作者、译注者和翻译者，你要知道哪家更权威、更有功底、更为公众所认可。三是了解出版社。哪家出版社对哪类经典著作的出版更专业，哪家出版社实力更雄厚、成绩更好、态度更认真、都是你应该了解的信息。四是学会利用参考工具。要学会利用推荐书目、序跋、

---

① 钱基博.版本通义 [M].上海：上海古籍出版社，2007：52.

名人论述经典阅读的文章等参考工具。推荐书目的参考不必固囿于一家，可多家参照，比如梁启超、胡适、朱自清、章太炎、顾颉刚等名人以及北大、清华一些教育机构的推荐书目，都足可参考。具备了这几个方面的能力，再去选择经典版本的时候，才会游刃有余，才能更好地保证经典阅读的质量。

最后，还是要明确一下经典版本和经典阅读之间的关系。经典版本是阅读经典的根基，了解了版本的相关知识，在阅读经典的时候就可以弄清楚应该看哪种版本的书，哪种版本的文字内容比较完整准确，哪种版本是比较可靠的资料等。这样，在阅读经典的时候，才能少走弯路，提高阅读的效率。在提倡全民阅读、重视回归经典的今天，我们在推动经典阅读的同时，也要在经典版本的推荐方面多下些功夫，多做些工作，比如推出一些版本信息比较全面的推荐书目等。这是需要大家——包括图书馆、学校、书店以及专家、学者等——共同努力去做的事情。

参考文献

[1]〔汉〕许慎撰,〔清〕段玉裁注 . 说文解字注 [M]. 上海：上海古籍出版社,1981.

[2] 张舜徽 . 中国文献学 [M]. 上海古籍出版社,2009.

[3] 戴南海 . 版本学概论 [M]. 成都：巴蜀书社,1989.

[4] 李致忠 . 古书版本鉴定 [M]. 北京：文物出版社,1997.

[5]〔清〕曾国藩 . 曾国藩文选 [M]. 天津：百花文艺出版社,2002.

[6]〔清〕张之洞 . 书目答问 [M]. 台北：新文丰出版公司,1974.

[7]〔清〕钱大昕 . 十驾斋养新录 [M]. 上海：上海书店出版社,1983.

[8]〔南北朝〕颜之推 . 颜氏家训 [M]. 北京：中华书局,2007.

[9]〔宋〕郑樵 . 通志 [M]. 北京：中华书局,1987.

[10] 沈伯俊 . 再谈重新校理三国演义的几个问题 [J]. 明清小说研究,1997（2）.

[11]〔清〕张之洞 . 輶轩语：语学篇 [M]// 苑书文,张华峰,李秉新,等 . 张之洞全集 [M]. 石家庄：河北人民出版社,1998.

[12] 学养斋 . 经典导读：大师的国学课 [M]. 保定：河北大学出版社,2008.

[13] 许钧 . 文字·文学·文化:《红与黑》汉译研究 [M]. 南京：南京大学出

版社，1996.

[14] 朱永新，王林 . 中国人阅读书目（二）: 中国小学生基础阅读书目 · 导赏手册 [M]. 北京 : 中国人民大学出版社，2014.

[15] 钱基博 . 版本通义 [M]. 上海古籍出版社，2007.

思考题

1. 请尝试列出一个适合经典普及的、包括版本信息的推荐书目。

2. 版本知识在经典阅读的普及推广方面有哪些作用？

3. 影响经典版本选择的因素有哪些？

4. 公共图书馆在经典版本推荐方面应该做些什么？

第六讲

乡邦文化与乡邦经典阅读

王　妮*

第一节　什么是乡邦文化

要解释什么是乡邦文化，首先需要弄清楚"乡邦"的含义。对于乡邦的解释，《辞源》《辞海》《汉语大词典》《现代汉语词典》都未列词条。"乡""邦"连称，最早见于《东观汉记》卷二十二列传十七列女外裔《鲍宣妻》："修行妇道，乡邦称之。"①在这里，乡邦应释为人，指居住在同一乡邦的人。另一含义最早见于鲍照诗《还都口号》："君王迟京国，游子思乡邦。"②乡邦在这里借指家乡。"乡"与"邦"的基本含义都是行政区划名。"乡"，在《汉语大字典》释为基层行政区划名，唐、宋至今指县以下的农村基层行政单位。周制，万二千五百家为乡；春秋齐制，十连为乡，十扁（甸）为乡；汉制，一百户为一里，十里一亭，十亭一乡；唐、宋迄今，指县级以下的行政区划。"邦"，在《汉语大字典》释为古代诸侯封国的称呼。据此释义，"乡邦"是"乡"与"邦"的并称。

乡邦作为地域概念并没有一个确切的界限，介于两个行政区划之间，可以为乡，亦可以为邦，并不是一个固定的地域称呼。在古代中国的国家形态中，乡邦是地方政权的代称，王锺陵在《中国文学史的原生态生长情状》一文中，

---

* 王妮，山东省图书馆馆员，发表《冯溥与〈佳山堂书目〉》等论文多篇。

① 〔汉〕刘珍.东观汉记：卷二十二.清刻武英殿聚珍版丛书本.

② 〔南朝宋〕鲍照.鲍明远集：卷五.四部丛刊景宋本.

将东方国家的国家形态分为四个层次，并指出这四者之间的关系即：一是国家，二是乡邦，三是宗族，四是个人。王锺陵认为：个人依血缘所决定的身份生活在宗族里，而宗族存在于乡邦中，乡邦是一种地域概念，地方政权的支柱是宗族，各地方政权之上，是王权，亦即国家。①个人、宗族、乡邦、国家，这四个层次就是古代中国人的生活环境，并逐次扩展。在宗族与国家之间的中间区域，便是所谓的乡邦。个人与宗族之间因着血缘关系，产生强烈的归属感，进而形成家族本位意识；宗族居于乡邦之中，因着地缘关系，乡邦众人形成相同的语言与风俗习惯等，产生了独特的、不同于他处的乡邦文化，乡邦众人产生地域归属感，形成乡邦意识。乡邦意识也可以看成是家族本位意识的衍射，以此类推，进而形成所谓的国家意识。古代中国社会，乡邦意识明显，文人姓名之前冠以籍贯邑里乃是通例，并常常以籍贯郡望代指其人，如以韩昌黎、柳河东称韩愈、柳宗元；这种称呼也影响到学术以及文学流派，如宋代形成的关、蜀、洛、闽学术学派就是以乡邦地域来区划的；文学流派如江西派、公安派、竟陵派就是直接以地望命名的文化流派，唐宋古文派中王慎中、唐顺之"天下称之曰王、唐，曰晋江、昆陵"，这是以地名代称流派也。②

时至今日，乡邦概念依然没有具体的限定，但其代指区域有所扩大，甚至扩展至国家层面。因而如今的乡邦可以是一个乡，一个县，一个市，甚至一个省，或者整个中国，同时它也依然暗含家乡之意。因而对于海外华侨华人来说，其乡邦可以是其祖籍所在地区，也可以笼统代指中国。

文化的含义在《现代汉语词典》（第6版）中被解释为人类在社会历史发展过程中所创造的物质财富和精神财富的总和，特指精神财富，如文学、艺术、教育、科学等。而对文化更深一层进行解释，各个学科各有不同，如考古学上指同一个历史时期的不依分布地点为转移的遗迹、遗物的综合体。作为研究精神层面的人文学科也根据各自学科彼此不同的关注点给予文化以不同学科的概念，学者们称之为文化的分析性范畴的运用，如人类学认为文化是某一特定人群的行为模式。美国人类学家克鲁伯在《今天的人类学》一书中认为："文化是一整套行为的，和有关行为的模式。该模式在某一特定时期内流行于某一群体。"

① 王锺陵. 中国文学史的原生态生长情状 [J]. 学术研究，1994 年（6）：126 – 130.
② 王锺陵. 中国文学史的原生态生长情状 [J]. 学术研究，1994 年（6）：126 – 130.

社会学家认为，文化是在社会交往中直接地和非直接地学会的，包括至少五个层面：认知、信念、价值和规范、符号、行为的非规范方式。在中国传统文化中，文化主要是指对人的行为和思想的教化。许嘉璐在《什么是文化——一个不能不思考的问题》一文中，把文化分为三个层级，即与衣食住行相关的表层文化（又称为物质文化），以风俗、礼仪、制度、法律、宗教、艺术等为内涵的中层文化（又称为制度文化）和代表个体和人群价值观、伦理观、审美观的底层文化。①

乡邦文化这一概念的基点在文化，乡邦是一个地域称呼，是对文化这一综合体加以地域的限定。因而乡邦文化也是一个综合体，它包含了乡邦所在范围内所有的物质文化和精神文化，既有空间性的限制，又有历史变迁方面的发展性。乡邦的自然地域特征、方言特色、乡土民情、风俗习惯、文学典籍、历史文物等皆包含于内。

乡邦文献作为乡邦文化的重要载体之一，主要针对的是乡邦文化的精神文明来说的，而非物质文明。与其他仍然是精神层面的精神文明载体相比，乡邦文献具有物质化可见性，以及传播交流广泛方便和跨越时空等综合特点。乡邦文献是乡邦精神文化的物化载体之一，对于乡邦文化的储存与传播、继承与发展有着极其重要的作用，是研究乡邦文化的重要辅助资料。

第二节 乡邦经典的内涵

乡邦文献作为记录乡邦文化的载体，自然摆脱不了乡邦文化的印记。在中国古代的国家形态中，乡邦是地方政权的代称，个人与宗族都存在于乡邦之上，乡邦文化应是乡邦众人创造的所有物质文化与精神文化的总和，因而乡邦文献理应包含个人与宗族所创作的文献以及乡邦所在区域内存在的其他文献。因为古代乡邦文献依然具有中国文化文史哲不分家以及重人文、轻科技的传统特点，这就排除了乡邦经典文献按照类别分类的可能性。因而，按照中国乡邦文献的产生特点，可以分为个人著述、家族文献以及乡邦地域文献三个层次。个人著

---

① 张凤琦.“地域文化”概念及其研究路经探析 [J].浙江社会科学，2008（4）：63-66，50.

述，依作者籍贯有本籍和客籍之分。谱牒类文献及家族文学文献，属于家族文献。地方史志、乡邦文献总集以及乡邦名胜题咏，属于乡邦地域文献。

乡邦经典是指乡邦文献中那些具有重要影响的、经久不衰的著作。能称得上经典，必定是具有超越乡邦影响的作品；之所以称其为乡邦经典，主要是对于与其有关的地域而言的。因而乡邦经典是指经典作品在其所在乡邦的称呼，但乡邦经典得名的因由并不相同。主要有如下几个原因。

第一，因作者与某地有关而成为某地的乡邦经典。这是最常见也是最主要的成因。经典作品在作者籍贯所属地区自然成为乡邦经典，在作者生活过或工作过的地方也可以称为乡邦经典。比如《红楼梦》的作者为曹雪芹，曹雪芹祖籍辽阳，出生于南京，约十四岁迁居北京。因而辽阳、南京、北京都可以将《红楼梦》称作乡邦经典。曹雪芹纪念馆在全国也有三处：北京曹雪芹纪念馆位于海淀区四季青乡正白旗村，是曹雪芹晚年居住的地方；南京曹雪芹纪念馆位于南京市乌龙潭公园内；辽阳曹雪芹纪念馆位于辽阳老城西小什字街口路东吴公馆（吴恩培宅第）院内。

这里的作者不单指单一作者，也包含文学流派。中国的文学流派具有明显的地域性特征，具有地方特色的文学集群成为中国文学的乡邦文化特色。龚自珍诗云："天下名士有部落，东南无与常匹俦。"[①] "天下名士有部落"指出了中国文学的地域作者集群的特色。中国幅员广阔，各地自然条件、风俗习惯和文化渊源不同，故而形成了不同特色的地域文化。自先秦起中国的文化就呈现出不同的地域文化特色，如孔孟思想源于北方邹鲁，老庄思想源于南方荆楚；《诗经》主要是北方文学的代表，《楚辞》则带有南方文学的烙印。地域风貌与文学风气的不同，形成了不同地区独立的文学特质，并成为一种传统，在这种不同文化氛围的熏陶下形成不同的文学集群。比如宋诗中的江西诗派，清代散文的桐城派，这两个文学流派都超出所在地域成为全国性的文学流派；对于其发起地域来说，是当之无愧的乡邦经典。龚诗中所说的常州，在清代学术发展史上具有重要的地位。常州是清代今文经派的发祥地，文学上产生了阳湖派和常州词派，龚自珍曾从刘逢禄学习《公羊春秋》，因而盛赞常州的人文之盛。[②]

---

① 〔清〕龚自珍.常州高材篇送丁若士（履恒）.定盦全集：定盦文集古今体诗下卷破戒草之余.清光绪二十三年万本书堂刻本，1897.

② 王锺陵.中国文学史的原生态生长情状 [J].学术研究，1994（6）：126－130.

第二，因作品内容涉及某地而成为该地的乡邦经典。经典作品涉及文史哲诸方面内容，既有圣哲格言、史实介绍，又有抒情文学、虚幻文学，如果作品内容有谈及某地或该作品为某地而写，后人往往在此基础上宣传推广或附会演义，此作品便成为该地的乡邦经典。比如《西游记》之于连云港，盖因连云港之花果山与小说《西游记》描写之花果山相似；虽然小说内容多为虚构，但是连云港以"美猴王老家"作为城市文化标志，打造连云港城市形象，成立连云港市《西游记》研究会，建设连云港《西游记》主题公园，使《西游记》成为连云港市的乡邦经典代表。连虚幻小说中涉及的地方都成为乡邦经典产生的原因，更遑论确有其实的地方了。如范仲淹之《岳阳楼记》，此文为北宋庆历六年（1046）范仲淹应巴陵郡太守滕子京重修岳阳楼所写，故《岳阳楼记》成为湖南岳阳之乡邦经典。

中国文学史上一个重要的部分就是山川、寺观等自然人文古迹题咏。人文遗迹与山川胜地诗文题咏，是中国诗歌文赋异代传播的重要方式，"赋诗纪事，刻石湖侧，将与大别山共相磨灭焉"。[①]古迹题咏结集成文，是乡邦文献的重要组成部分，其中的经典作品也便成为古迹所在地的乡邦经典。如上文所说之岳阳楼，岳阳楼始建于公元 220 年前后，几经焚毁修复，却一直受到文人青睐，赋诗题咏，刻书其上，如《岳阳楼记》云"刻唐贤今人诗赋于其上"，这些诗文作品便形成有关岳阳楼的乡邦经典。其他如黄鹤楼、滕王阁、太白楼等，均是光耀宇内的人文遗迹，诗词歌赋、题咏众多，其作品成为各地的乡邦经典。山川湖泊等自然景观也受到文人雅士的重视，如泰山、华山、嵩山、黄山等，皆为诗词歌赋、题咏丰富之天下名山，其作品形成独特的山川题咏文学经典，成为各地的乡邦经典。

某地发生过某个重大事件，因该事件结集而成的经典作品，也是该地乡邦经典的重要组成部分。如赤壁之战：东汉末年，孙刘联军在长江赤壁一带打败曹操大军，那是一场历史上有名的以少胜多战役，从此奠定了三国鼎立的局面。之后唐代杜牧、崔涂，宋代苏轼、戴复古等均有关于赤壁之战的诗词流传，有关赤壁之战的其他经典作品，均可算为赤壁的乡邦经典。

第三，因某经典作品在某地刊刻出版而成为某地之乡邦经典。如 2015 年 4

---

① 〔唐〕李白.泛沔州城南郎官湖序 [M]// 李太白文集：卷三十.宋刻本.

月 23 日，南京启动"南京传世名著"评选系列活动，《本草纲目》因最早在南京刻印而成为参选作品，成了南京的乡邦经典。[①]

第三节 乡邦经典阅读的特点和意义

乡邦经典阅读因着乡邦地域的限制而有了自己的特性，形成了不同于一般经典阅读的特点，具体特征如下。

第一，乡邦经典阅读具有地域特色，呈现出不同地域之间的阅读文化的多样性和差异性。经典阅读只在与经典相关的乡邦才称作乡邦经典阅读，不同乡邦具有不同的乡邦经典，乡邦经典阅读的内容因不同乡邦而不同。同时，因为各个乡邦间经济文化发展水平不一，文化繁荣程度不同，使得乡邦经典具有地域分布不均的特点，因而有的地方乡邦经典很多，有的地方却很少甚至没有，毕竟不是所有的文献都能称得上经典。

第二，乡邦经典阅读具有交叉性特点，即不同乡邦的乡邦经典阅读内容也可以是相同的、重合的。首先，同一经典作品可以作为不同层级行政区域的乡邦经典。因为乡邦并不是一个确切的地方，且范围亦不固定，因而乡邦有大小概念之分。大范围包含小范围，因而小范围内的乡邦经典亦可算作大范围内的乡邦经典。比如《论语》在孔子家乡曲阜是乡邦经典，而曲阜是山东省的一个县级行政区划，因而《论语》对于山东省来说也可算作乡邦经典。故而对于海外华人来说，所有的中国经典对于以"中国"作为乡邦的他们来说，都可以算作乡邦经典。其次，同一层级行政区域的乡邦经典阅读也可以是同一作品。因为成为乡邦经典的原因不同，不同乡邦也可以拥有共同的乡邦经典。如辽阳、南京、北京因是曹雪芹的祖籍、出生地、生活之地，都将《红楼梦》作为其乡邦经典。

第三，乡邦经典阅读有时是以研究为目的的。乡邦经典在乡邦比其他经典作品更受重视，经典作品在其相关乡邦也较其他地区更受重视，乡邦政府或其

---

① 和讯网.《本草纲目》最早在南京刻印 50 部图书候选南京最有影响力传世名著 [EB/OL].[2015－04－15]. http：//news.hexun.com/2015-04-15/174967839.html.

他机构为突出经典作品在乡邦的独特性，往往更加注重对乡邦经典的研究和开发，这些倾向都加深了乡邦经典阅读的研究目的。乡邦经典是乡邦重要的文化资源，其乡邦所在高校及文化研究机构往往把乡邦经典等乡邦文化作为其研究方向。比如现在的孔子研究早已走出国门，成为世界性的研究课题，但曲阜以及山东省依旧是孔子及儒学文化研究的重要阵地。1996 年 9 月国务院以国办函〔1996〕66 号文批准在孔子故里曲阜建立孔子研究院，作为研究孔子及其思想的专门机构，该机构具有学术研究与交流、博物展览、文献收藏、孔子及儒学研究信息交流、人才培训等功能。①

第四，乡邦经典阅读具有寓教于乐的特点。乡邦经典有的与山川名胜等自然人文景观密切相关，其内容或描述景观或介绍历史或抒发情感，有些一直镌刻在山川寺观等自然人文的游览胜地。这些乡邦经典已经与自然人文景观融合，成为人们游览参观的重要文化缘由，人们在游览名胜的同时加深了对乡邦经典的阅读和理解。有的甚至以乡邦经典作品为契机来吸引人们游览，比如在经典作品基础上发展文化创意产业、建立主题公园等。湖北随州、江苏连云港因分别是《西游记》发祥地和孙悟空"老家"而都建立了《西游记》文化主题公园。

乡邦经典阅读是乡邦文化传承的重要方式，不仅具有陶冶情操、完善个人品格的作用，还具有增加乡邦共同体凝聚力和归属感的重要价值。乡邦经典是乡邦文献的杰出代表，是乡邦文化传承的重要载体，通过乡邦后人对经典作品的不断解读可以实现乡邦文化的代际传承。乡邦经典既有圣哲格言，又有诗词歌赋等文学作品。乡邦经典的阅读有以下作用：一是有助于乡邦后人提高自身的阅读与欣赏水平；二是可以提高乡邦后人的审美境界，陶冶个人情操，完善个人品格，进而提升乡邦众人整体的文化素养；三是有助于乡邦后人在阅读过程中拉近与乡邦先贤的距离，因与先贤生活在同一地区而对其产生亲切感，为先贤的成就感到自豪与骄傲；四是能在不断的阅读中加深对乡邦经典的理解，明确乡邦经典的不朽之处，加深对乡邦经典价值的了解，从而产生乡邦文化的自觉意识，增强乡邦文化的自尊与自信，更加热爱所在乡邦。

在乡邦推广乡邦经典阅读不仅有利于提升民众的整体素质，还有利于当地文化的丰富和繁荣，有利于弘扬当地优秀乡邦文化，促进当地的精神文明建设

---

① 孔子研究院 [EB/OL].[2015－06－22].http：//www.kongziyjy.org/.

健康发展，提高人民的道德水平和道德境界；有的乡邦经典成为乡邦文化产业发展的重要内容，推广乡邦经典有利于推动乡邦文化产业的创新和发展，促进乡邦经济发展。

第四节　乡邦经典阅读推广的方法

南京大学徐雁教授在一篇序文中曾感慨："几乎各种能够被聪明人想得出来的阅读推广行动，都被全国各地有关单位做过不止一遍。"[①]全国的乡邦经典阅读推广活动亦是形式多样、丰富多彩。现对乡邦经典阅读推广的主要方法做简要介绍。

一、建立专藏室、纪念馆

乡邦文献并非严格意义上的概念，其大多作为合成词语，也有一些习惯性的指代，目前应用最广的是地方文献。"地方"一词，目前《现代汉语词典》（第6版）将其分为两个词条。一个读为 dìfāng，释义为：①中央下属的各级行政区划的统称（跟"中央"相对）；②军队方面指军队以外的部门、团体等；③本地，当地。一个读为 dì·fang，释义为：①（～儿）某一区域；空间的一部分；部位；②部分。地方文献词组里的地方应读为 dìfāng，释义采用①、③，与乡邦有相同内涵，因而地方文献有时可代指乡邦文献，图书馆界一般使用地方文献这一称呼。如1957年杜定友先生在南京图书馆举办的省市公共图书馆工作人员进修班上，讲述《地方文献的搜集整理与使用》课程；1982年文化部颁布的"省（自治区、市）图书馆工作条例"规定了"省图书馆的主要任务之一是搜集整理与保存文化典籍和地方文献"。因此，图书馆一直把搜集整理地方文献作为自己的重要职责。图书馆对地方文献范围的讨论有广义跟狭义之分，广义上的地方文献包括地方史料、地方人士著述和地方出版物，狭义上的地方文献指内容上与地方有关的所有文献，不包括地方人士著述中和地方出版物中与地方无关的

① 徐雁.一个书香盈邑的现代化都市人文愿景 [M]// 赵俊玲，郭腊梅，杨绍志.阅读推广：理念·方法·案例：序 2.北京：国家图书馆出版社，2013.

文献。乡邦经典就包含在图书馆地方文献的收藏范围之内，因而乡邦经典一直都是各地各级图书馆的主要收藏对象。为宣传推广乡邦经典，各公共图书馆纷纷设立专室收藏乡邦文献，如山东省图书馆于 2002 年筹办建立地方文献资料中心及齐鲁名人文库。中心于 2003 年正式

图 6-1 山东地方文献资料中心

开放，其收藏既注重山东地方文献的完整与系统，又着意特色专藏，形成山东地方史料、齐鲁名人作品、鲁版图书、特色专藏四大藏书体系。

有的高校图书馆也建设专架和专室收藏名人著作，如厦门大学图书馆设立萨本栋纪念特藏库、林语堂纪念室。林语堂纪念室以"林语堂先生生平展"为主题，利用图片较翔实地反映了林语堂一生的主要经历和突出贡献；并展出国内外有关林语堂研究的新成果；展室还陈列着林先生部分著作，摆放着其家属赠送的林先生曾使用过的沙发、书橱。[①]

地方各级文化部门也在各个具有影响和纪念意义的地方设立专门的纪念馆，加强对乡邦先贤和乡邦经典的研究和推广。如山东省淄博市政府批准在蒲松龄故居的基础上建立蒲松龄纪念馆，该馆隶属于山东省淄博市文化局。蒲松龄纪念馆现拥有六个小院、七个展室，蒲松龄纪念馆收藏的文物包括资料在内达到一万三千多件。馆内有珍贵的蒲松龄画像及其手稿、印章，其中蒲松龄画像是馆藏中的"镇馆之宝"，和蒲松龄的四枚印章一起被定为国家一级文物。馆内收藏有《聊斋志异》的各种旧抄本、刻本、外文译本、港台版本及精、平装本，有改编的白话《聊斋》、连环画册、戏曲、影视剧本以及聊斋学研究的论文、专著，等等。馆内还有一大批现当代文化名人题咏蒲松龄的字画作品。蒲松龄纪念馆还成立了蒲松龄研究所、蒲松龄研究会，主办中国人文社科核心期刊《蒲松龄研究》季刊。[②]

---

① 厦门大学图书馆 [EB/OL] .[2015－06－24].http：//library.xmu.edu.cn/portal/secondpage.asp？ pid=589&sid=752.

② 蒲松龄纪念馆 [EB/OL].[2015－06－24]. http：//www.pusongling.net/Indexs.asp.

二、成立专门的研究会，召开学术研讨会，举办文化节等

乡邦经典阅读推广活动不仅受到阅读推广学会的重视，如第六届全民阅读论坛以"珍护地方文献，弘扬乡土文化"为主题在太仓图书馆举行，[①]还受到经典作品专门研究会的重视。有些乡邦经典作品涉及诸多地方，因而很多地方都成立经典作品的研究学会，成为一个全国性的研究学会。比如《三国演义》研究会，既有中国《三国演义》学会，又有湖北省《三国演义》学会等省级学会，荆州市《三国演义》研究会、镇江《三国演义》学会等市县《三国演义》研究机构，还有舒城周瑜文化研究会、许昌职业技术学院曹魏文化研究所、清徐县罗贯中研究会、东平县罗贯中与东平历史文化研究会、浙江省历史学会孙权研究会等专人研究机构。全国各级各地学会组织召开多次《三国演义》研讨会，推动学员开展"三国文化"学术研究，出版学术刊物，促进《三国演义》阅读推广活动，协助有关单位开发和利用当地《三国演义》资源，促进当地经济和旅游发展等。

乡邦先贤是乡邦历史上的璀璨明星，以其卓越的成就及不朽的精神鼓舞激励着乡邦后人，成为乡邦的"文化名片"。乡邦先贤诉诸文字的著作便成为乡邦的经典文献，走出乡邦成为华夏文明的经典之作。中国历来注重乡邦观念，对于乡邦先贤的纪念活动，更是形式多样、内容丰富，既表达了后人对于先贤的追思，又有利于文化的传承以及乡邦经典阅读的推广。乡邦先贤的纪念活动在推进阅读方面的活动主要有召开乡邦先贤作品朗诵会以及学术研讨会等。比如福建南平，俗称"闽北"，是朱熹故里、朱子文化的摇篮、传统理学的发源地。为纪念乡邦先贤，南平市从 20 世纪 80 年代以来一直坚持研究和弘扬朱子文化，成立武夷山朱熹研究中心、武夷学院宋明理学研究中心，创办《朱子文化》杂志，整理收录朱子理学文化，先后举办国际性朱子学术研讨会、武夷山朱子文化节、海峡论坛·朱子文化系列活动、朱子之路研习营等活动。2015 年 6 月 17 日至 19 日海峡两岸朱子齐家思想与当代家庭建设研讨会在武夷山举行，参会的两岸人员在武夷学院师生的领诵下，齐诵《朱子家训》。[②]

---

① 常天瑜，祝静怡.弘扬地方文化 共享阅读之乐：中国图书馆学会阅读推广委员会 2012 年工作会议暨第六届"全民阅读论坛"综述 [J]. 图书馆杂志，2012（9）：110－111，封底 .
② 凝聚家庭小细胞 共建和谐大家园：海峡两岸朱子齐家思想与当代家庭建设学 [EB/OL] . [2015－06－23].http://www.np.gov.cn/wsbs/kstd/fn/npsfl/5058303.shtml .

三、各地图书馆通过各种活动推广乡邦经典阅读

图书馆是开展阅读推广活动的主要阵地，在各地图书馆开展的阅读推广活动中，当地乡邦经典阅读推广可谓是随处可见。比如山东省图书馆举办的国际《论语》知识大赛以及"《论语》回故里——历代《论语》珍本展"等。《论语》是山东省的乡邦经典，因而山东省图书馆举办的与《论语》有关的阅读推广活动都是乡邦经典阅读推广活动。

图 6-2 2012 年 9 月 26 日，"《论语》回故里——历代《论语》珍本展"开展仪式

另外，山东省图书馆还采用多种手段推广齐鲁经典阅读，传播齐鲁文化。

①与报纸等媒体机构合作创办专栏、组织读书知识大赛等。比如与《大众日报》携手创办《往事》专栏，选择《齐鲁文化世家》《琉璃厂中的山东人》《齐鲁老字号》《山东古代书院》《探访齐鲁历史文化遗产·名胜篇》等反映齐鲁悠久文化历史和传统的专题，对齐鲁传统文化进行宣传，使沉睡于书架上的地方文献展露于世人面前，促进齐鲁经典阅读。与《齐鲁晚报》联合举办"传承齐鲁文化，弘扬山东精神"读书知识大赛；大赛内容囊括山东历史及典籍、先贤圣哲学说及行迹、齐鲁山水名胜的诗词文赋以及山东私家藏书等。

②采用多种载体展示齐鲁文化，方便现代人理解齐鲁经典的文字内容。山东省图书馆地方文献资料中心与《生活日报》联合刊出《老济南旧影再现》专题，用五个整版，图文并茂地展示了清末民初老济南的风景名胜、城楼城墙、千佛山摩崖石刻、玉函山隋代摩崖造像，以及商埠区繁华的街景和市井平民的生活；与山东电视台卫星频道《美丽山东》节目组联合摄制了电视片：《尘封档案——济南老城旧影》；借助文化信息资源共享工程，制作《乡土山东》视频图文资源库，以及列入山东省非物质文化遗产名录，反映山东民俗文化的数据库，包括杨家埠木版年画、高密扑灰年画、鲁西南印花棉布、曲阜楷雕、商河鼓子秧歌、微山湖端鼓腔、穆李庄面塑、"泰山石敢当"文化等，使山东乡邦文化传播于齐鲁大地的每一个角落。

③为更好地宣传地方文献，促进齐鲁名人著述作品的阅读，寻找契机适时开展图书展览活动。如2012年10月莫言荣获诺贝尔文学奖，山东省图书馆地方文献中心以此为契机，举办"山东省图书馆藏莫言文学作品展"等活动推广莫言作品的阅读。①

图6-3 山东地方文献资源库

---

① 王慧.论地方文献的多途径开发利用 [C]// 吉林省图书馆，中国图书馆学会地方文献研究专业委员会.全国地方文献工作研究文选.长春：吉林人民出版社，2008:409–414.

四、利用名胜古迹开展相应活动，间接促进乡邦经典阅读

与乡邦经典有关的纪念馆、博物馆、名胜古迹旅游区也开展了各种活动，这些活动间接促进了乡邦经典阅读的推广。比如曲阜市"三孔"景区（孔府、孔庙、孔林）自 2013 年 5 月 1 日至 7 日试行"背《论语》免费游三孔"活动，凡是能够在 10 分钟内完整背诵出《论语》中 30 条语录的游客，可以免费游览孔庙、孔府和孔林景区。自试行开始现已常态化，曲阜孔子旅游网有《背〈论语〉免费游三孔活动须知》及背《论语》免费游三孔排行榜等众多参加活动的情况介绍。中国孔子基金会、共青团山东省委、中华全国学生联合会还在曲阜主办"修身立志圆梦中华——中华学子朝圣行"活动，全国 13 所高校 400 名学生游学朝圣诵读儒家经典。[①]

各地与乡邦经典作品相关的旅游景区亦举办了各种活动，增加景区文化含量，间接促进乡邦经典阅读推广。比如在景区内演出根据乡邦经典改编的舞台剧及其他众多文化旅游类项目，这些活动虽然以丰富景区活动、增加景区人流量、谋取门票收入为目的，但也在一定程度上起到了推广乡邦经典阅读的效果。如三峡景区中推出的为纪念屈原而创作的大型水上舞台剧《礼魂》。该剧由长江三峡旅游公司斥巨资打造，西安电影制片厂历时两个月倾力编导而成；以史料记载的屈原生平中的片段为基石，集歌舞、话剧、音乐于一体，通过魂归故里、少年屈原读书郎、热血报国反遭嫉、不甘合污愤投江、秭归招魂等五个部分，28 分钟的精彩演出，勾勒出屈原爱国、求索、充满浪漫主义诗情的一生。屈原名篇《离骚》《九歌》《天问》《九章》以及凸现楚文化特点的编钟、编磬、埙等，均在剧中得以体现，使游客在屈原诗歌和古乐器营造的氛围中得到了艺术享受。[②]另有民间团体及个人等组织各种形式的名胜古迹经典诗文欣赏之旅，或在名胜古迹诵读描写该地的经典诗文，组织小型读书朗诵会，如组织"爱在最高处——迎国庆登泰山爱国诗文朗诵会"[③]，或组织出版乡邦旅游名胜经典诗文汇编及赏析作品。

---

① 曲阜孔子旅游网 [EB/OL].[2015－06－24]. http：//www.uqufu.com/.

② 大型水上舞台剧《礼魂》[EB/OL].[2015－06－24].http：//www.huaxia.com/zt/jl/09－030/1424300.html.

③ 爱在最高处：迎国庆登泰山爱国诗文朗诵会即将举行 [EB/OL].[2015－06－24].http：//blog.sina.com.cn/s/blog_4bba540a0102dtov.html.

五、结语

乡邦经典阅推广活动是经典阅读推广活动在经典所在乡邦所进行的阅读推广活动，其活动丰富多彩，以上所介绍的是其中主要的、常见的阅读推广活动。虽然研究会等的成立促进了乡邦经典的深层级阅读研究，但图书馆仍是乡邦经典阅读推广的重要机构。乡邦经典阅读推广活动并没有严格的界限，其活动方式与方法并不限于前文所述，所有有助于乡邦经典阅读的活动都可算作乡邦经典阅读推广活动。

乡邦经典是乡邦文化中具有深远影响的精髓作品，乡邦经典阅读推广活动不仅有助于人们加深对乡邦经典的理解，加快乡邦经典的传播，而且有助于乡邦文化的健康发展。乡邦众人在不断对乡邦经典的阅读中升华自身、完善自我，在先贤的感召下砥砺前行，创造更加灿烂辉煌的乡邦文化。

参考文献

[1]〔清〕纪昀，等.钦定四库全书总目 [M].北京：中华书局，1997.

[2]来新夏,徐建华.中国的年谱与家谱 [M].北京：商务印书馆，1997.

[3]黄苇等.方志学 [M].上海：复旦大学出版社，1993.

[4]王余光，等.中国阅读文化史论 [M].北京：北京图书馆出版社，2007.

思考题

1.请简述所在乡邦先贤及其著述。

2.请尝试发起讨论并组织一次乡邦经典阅读推广活动。

第七讲

经典阅读推广的方法与实践

胡兵　许飞[*]

当前，重视传统经典阅读早已引起社会各个层面的广泛关注，包括国际组织、政府机构、图书馆界、出版界、教育机构、非营利性团体、知名学者、志愿者等，都在研究阅读状况、推荐阅读书目、组织阅读活动、评估阅读效果等。

经典阅读推广的方法，因推广主体、推广对象而各异，针对不同的阅读对象有不同的推广方法，不同的推广主体使用的推广方法也不一样。有单一的方法，如编制推荐书目，举办主题征文、有奖征文、辩论赛、读书知识竞赛等；也有综合开展活动的，如举办读书周、读书沙龙、立体阅读等。有传统的推广方法，也有适应网络环境的新方法，如建立网站、开设经典阅读论坛，设立"经典推荐""经典书评""经典读后感"等经典阅读交流栏目，开通微博、QQ群、微信、飞信、博客等网络交流平台发布经典书目推介、进行信息推送、发布微书评、直播专题讲座以及与读者即时交流。如国家图书馆少儿馆的微博"周末故事会"，上海图书馆信使的微博"新书到"等。儿童和青少年是经典阅读推广面向的重点人群，因此有针对婴幼儿开展的绘本阅读、亲子阅读、共享阅读等；有针对青少年的阅读辅导、分级阅读等。针对家庭读书的推广活动则有倡导家庭经典阅读、组织家庭读书经验交流会、举办"家庭读书"大赛、评选优秀藏书家庭等。此外还有高校实行的学分

---

[*] 胡兵，山东省图书馆副研究馆员，在《山东图书馆季刊》等期刊发表论文多篇。

许飞，深圳图书馆馆员。武汉大学图书馆学专业毕业，大学本科。

制阅读、政府主导的一城一书活动、新兴的图书漂流活动、"真人图书馆",等等。

第一节 经典阅读推广的主要方法

经典阅读推广的方法很多,一般可分为经典推介、经典演绎以及综合性的推广方法。过去,经典阅读推广活动一般不注意对活动的宣传和评估,事实上宣传与评估是经典阅读中很重要的组成部分,我们必须加以重视。

一、经典推介

(一)编制书目

书目编制在推荐优秀著作、普及知识、推广阅读活动、促进图书宣传和阅读辅导等方面发挥着重要作用。别林斯基说:"阅读一本不适合自己的书,比不阅读还要坏。"[1] 推荐书目,是"针对某一特定读者群或特定的目的,围绕某一专门问题,对文献进行选择性的推荐,以指导自学或普及知识为目的而编制的书目"[2]。在书目编制过程中,可按不同需求编制不同类别的书目。

1.按照书目服务功能进行书目编制

按照书目的特点、功能与作用,可将推荐书目划分为:导读书目、影响书目和研究书目。"导读书目是根据特定读者群体的知识需求,对某一专门问题的文献进行精心选择编制的一种书目类型。影响书目是在科学地认识和总结图书典籍同人类群体的或个体的交互作用的基础上,记录和报道了在一定历史时期内对特定群体或个体产生过深刻影响的图书典籍的目录。研究书目是针对某一专门的知识领域,面向具有一定自主研究能力的读者,由资深的权威专家学者开列,围绕具体的研究方向,报道和揭示一批相关的权威文献的目录。"[3]

2.按照服务人群特点进行书目编制

编制书目时需要结合读者需求进行针对性的推荐,以达到追索适用文献的

---

① 〔俄〕别林斯基.别林斯基论文学 [M].梁真,译.上海:新文艺出版社,1958:121-122.

② 彭斐章,乔好勤,陈传夫.目录学 [M].武汉:武汉大学出版社,1995:129-135.

③ 梁曦.推荐书目的文化特性 [D].武汉大学,2005:14-20.

目标，鉴于阅读主体在知识结构、兴趣爱好、认识能力、阅读效果等方面存在差异，因而要结合不同对象编制不同类型的推荐书目。结合服务人群进行书目编制，根据读者具体情况，分析读者需求，遵循适用性原则，进行书目组织和编排，达到指导读者阅读的目的，可达到事半功倍的效果。比如，美国一直倡导经典阅读，美国教育机构为高中生列出的必读书目就有莎翁的《哈姆雷特》、弥尔顿的《失乐园》、柏拉图的《理想国》，甚至马克思、恩格斯的《共产党宣言》。美国之所以这样做，目的在于培养新一代人的思想素质和文学素养，帮助新一代美国人抵抗丑陋邪恶、改造贫乏和平庸、远离虚无和轻浮，从而更好地创造自我、创造世界。① 只有根据不同人群和不同需求分别编制书目，才能确定书目的性质、范围，才会有选择图书资料的类型、深浅程度的标准和依据，也才会达到文献的著录、提要和编排的最佳境界。②

3. 按照不同历史时期进行书目编制

古今中外，不同时代涌现出不同的优秀作品，这些作品带有时代的烙印，显现出不同时代的风格。根据不同的研究需要，可以针对不同历史时期开展优秀书目编制。按照不同历史时期进行书目编制，能够对同时代作品进行系统解读，方便读者进行系统性的研究和阅读。

4. 按照特定地域特征进行书目编制

按照不同地域进行书目编制，可以按照东西方文化差别分别编制书目，也可以按照国别进行书目编制，同一国家可按不同地区进行编制，也可以是适用于一座城市、一个乡镇或区域性亚文化的书目编制。芝加哥大学前校长赫钦斯认为：学生应该学习那些具有永恒精神的西方伟大著作，它们代表了人类的理智精华，是人类的最高遗产；而教育不应该去适应瞬息万变的社会，而是要努力寻找一种永恒的价值观念。因此，他编著了《西方名著丛书》，在芝加哥大学推行名著教育计划。③

5. 按照服务空间体量进行书目编制

不同的服务空间，陈列经典名著的数量也有所不同，因而要结合实际服务空间进行书目设计，以达到最优化的效果，使书目与空间相得益彰。

---

① 关耳. 经典阅读与"流行阅读"[J]. 教育艺术，2004（6）：48.
② 王锦贵. 推荐书目的特点与编制[J]. 山东图书馆季刊，1989（2）：31-34.
③ 梁曦. 推荐书目的文化特性[D]. 武汉大学，2005：24.

6. 按照活动特色主题进行书目编制

读书既是相当私人化的行为，也是社会活动的重要体现。结合不同主题阅读活动或特色阅读项目的安排，需要相应编制配套的推荐书目，使阅读活动与社会生活、国家民族发展态势相适应。

在具体编制书目时，可先了解作为经典推荐书目的"书目之书"和历史上已有的经典推荐书目。选列如下：

1. 作为经典推荐书目的"书目之书"

比如：①《中国读书大辞典》，王余光、徐雁主编，南京大学出版社1993年出版；②《中国读者理想藏书》，王余光主编，光明日报出版社1999年出版；③《中外推荐书目一百种》，邓咏秋、李天英编，陕西师范大学出版社1999年出版；④《中国家庭理想藏书》，文建明、刘忠义主编，三联书店2013年出版。

2. 历史上已有的经典推荐书目

在我国，推荐书目应传统官学、家塾、书院与科举制度的需要，很早就发展起来了。现在我们能够见到的最早的推荐书目被后人称为"唐末士子读书目"（敦煌遗书伯2171号）。到了元代初年，学者程端礼（1271—1345）把朱熹以来在书院、私塾教育中所创造的经验加以总结和发展，写成《程氏家塾读书分年日程》三卷。明末陆世仪在他的《思辨录》中，曾为青少年开列了一个阅读书目。清朝康熙年间，由李颙口授，门人李士殡手录的《读书次第》，是我国较早的一部指导读书治学的书目。此后，龙启瑞于道光年间撰《经籍举要》。光绪初年，张之洞因诸生"应读何书，书以何本为善"相问，根据当时情况，挑选两千二百余种图书，编成《书目答问》一书。

（二）开展主题征文活动

图书馆应当定期举行经典图书的书评、读后感等主题征文活动，邀请专业人士负责评奖并举行仪式为获奖者颁发证书和奖品。活动主题可以定为"我最喜爱的经典""经典伴我前行"等。这种活动最好是联合举办，并坚持下去，每年举办一次。

如2009年广东省中山市图书馆在开展儿童阅读活动中，联合宁夏泾源县、西吉县，陕西安康市有关方面举办"四地共读一本书"读书征文交流活动。同一本书在四地中学生手中同时进行阅读。由中山市中山图书馆统一提供指定阅读书 55 种，并为每一地区配有指定阅读书籍各一本。学生阅读图书后，结合所读书籍和"阅读爱，唤醒爱，实践爱，丰富爱"的主旨，写一篇读书感言。中山市图书馆对四地学生所写的读书感言进行统一评选，评出优秀作品，并请"香山讲坛"文学方面的主讲嘉宾进行点评，由中华书局正式结集出版。[①]

（三）阅读辅导

阅读作品的过程，是发现和建构作品意义的过程，读者很难自觉体会这一点，特别是大部头的经典名著。这就需要图书馆开展阅读辅导，提升读者的阅读水平。如针对文学名著进行的分级推荐阅读；针对初中年级以下的学生，推荐名著缩写本；对于高中以上的学生，则以推荐原著为主，并开展"讲座进学校"活动，邀请知名专家定期或不定期地对某部作品进行集中导读工作。

图书馆首先要对读者进行问卷调查，分析研究他们的阅读心理、阅读爱好与阅读行为，然后由专门的辅导员（如老师、图书馆员、高校辅导员等）有针对性地帮他们制订阅读计划。在导读过程中，不断评估导读效果，引导读者不断修正阅读方向，调动读者探究经典名著的积极性。

图书馆还可设立"阅读指导咨询师"一职，方便读者咨询，与读者分享自己的阅读经历、阅读体验、阅读人生观等。

（四）举办优秀图书展，开展书评等活动

举办优秀的图书展览，开展书评等活动也是经典阅读推广的方法之一。如在国际上影响很大的台北国际书展[②]，它由台湾地区行政部门"新闻局"主办，每年春季举办，邀请一些国家的出版机构参加，举办作家论坛与见面会、签书会，分享阅读的喜悦。书展主题精彩，活动丰富，是每年一度的阅读"超级嘉年华"。第一届于 1987 年 12 月 15 日举行。其中 2009 年以"阅读，跃起的力量"为主题，

---

① 王余光.图书馆与儿童阅读推广 [J].图书馆理论与实践，2010（8）：1－3.
② 台北国际书展 [EB/OL].[2012－04－22].http：//www.tibe.org.tw.

图 7-1 山东省图书馆藏珍品暨儒学珍籍特展
《周官经》六卷

齐聚百位知名作家，共举办 300 多场精彩的活动。

公共图书馆也经常举办各种书展、书评活动。如山东省图书馆特藏部每年都会在册府琳琅展厅举办多种古籍展览。以"文明的守望"系列展览第七展为例，展览名为"册府千华——山东省藏国家珍贵古籍特展"，展览精选山东省图书馆等单位入选国家珍贵古籍名录的儒学典籍近 80 部，分"儒学经典""小学珍籍""鸿儒文苑"三部分，使珍贵典籍走近大众。山东省图书馆尼山书院举办过"山东历代名人著作展""国学大师经典著作系列展""济南老建筑照片展"等活动。[1]

出版机构、图书馆也出版许多书评类报刊，如《中国图书评论》《文汇读书周报》《读书》《博览群书》等，对图书进行评论，展示阅读心得，推荐经典图书。

（五）设立经典阅览室

2008 年 4 月 23 日，北大教授王余光在深圳图书馆世界读书日"读书与人生"系列专题讲座上建议并呼吁各地图书馆增设"经典阅览室"。[2]在 2012 年中国图书馆年会上，王教授再次发出图书馆设立经典阅览室的倡议。

建立专门的"经典阅览室"或"经典"书架"，图书馆遴选、陈列和导读经典书籍，使得经典著作能够系统而直观地走向普通大众。目前国内一些公共图书馆进行了尝试，如国家图书馆设立了经典阅览室、深圳图书馆有"南书房"、

---

① 山东省图书馆 [EB/OL].[2015 - 05 - 20].http：//www.sdlib.com.

② 王光明. 著名学者王余光教授建议图书馆设"经典阅览室" [EB/OL]. [2015 - 08 - 27].http://www.szlib.org.cn/subject/article/view/id-102/id-19658.html.

深圳市南山区图书馆设立了经典阅览室、河北省图书馆设有经典空间，还有一些图书馆设置了经典书架。

二、经典演绎

（一）专题讲座

一般读者阅读经典时在文本阅读和精神领会方面难免会出现困难，这需要教师和有关人员及时给予指导。图书馆可以定期或不定期地开办经典导读的专题讲座，如读书讲座、名家讲坛等，邀请校内外专家学者担任主讲人。目前国内举办的经典讲座已经具备一定的品牌效应，如中央电视台的《百家讲坛》，国家图书馆的《文津讲坛》，山东省图书馆的《大众讲堂》《明湖讲堂》等。图书馆举办的各种讲座已在部分城市成为市民接触经典的第二课堂。

图 7-2 2015 年尼山书院少儿寒假冬令营古琴讲座

（二）经典诵读

经典诵读活动，一般包括朗诵比赛、演讲比赛、故事会等。常规的做法是按照事先选定好的读本，由老师带领大家现场诵读。如杭州市余杭图书馆"我爱国学经典诵读沙龙"，孩子们和家长在公益主讲人的带领下每周坚持一个半小时的诵读。也有在节日举办的不定期诵读活动，往往配有文艺会演等形式，以提高经典诵读活动的影响和范围。

经典诵读活动的举办主体多种多样，主要有以下几种。①政府组织。如教育部、国家语委、中央文明办于2010年启动的"中华诵·经典诵读行动""中华诵·经典诵写讲"进校园试点行动，并建设"中华诵·经典资源库"，举办"中华诵·传统节日诵读晚会"①。②图书馆举办。如山东省图书馆尼山书院和山东省朗诵艺术家协会联合举办"少儿经典朗诵公益培训班"，还举办了"弘扬传统文化，'悦'读经典诗歌"活动；济南市尼山书院举办"'我爱国学'济南市首届亲子诵读大赛"②；在第七届浙江省未成年人读书节期间，浙江省图书馆承办了"未成年人经典诵读大赛"，组织省内90多家各级公共图书馆共同参与，大赛在省内11个地区全面展开。③③公益机构举办。如北京四海儿童经典导读教育中心推广儿童诵读古今中外文化经典，组织形式包括设立经典导读班，开办少儿国学夏令营、冬令营，建立四海孔子书院，以中外传统文化经典为基本课程，以诸子经学为核心，让学生兼修诗词歌赋、琴棋书画。④④个人举办。如教育学者朱永新发起的新教育实验项目，每一天都是以晨诵开始的。在小学低年级，往往使用童诗、童谣，中年级用唐诗、中外著名诗歌，在高年级则用经典散文、宋词。⑤

案例 中华古诗文经典诵读工程

"中华古诗文经典诵读工程"是由中国青少年发展基金会于1998年发起并组织实施的青少年社会文化公益项目。其宗旨是让广大青少年在基础教育时期，以最便捷的方式，接受中华古诗文的基础训练和文化熏陶。项目内容包括组织专家学者编辑《中华古诗文初级读本》《中华传统美德读本》《中华古诗文读本》等系列读本，并向农村贫困地区、希望小学捐赠古诗文读本及专项活动费用，

① 教育部语用司. 李卫红：在"中华诵·经典诵读行动"经验交流研讨会上的讲话 [EB/OL]. [2015-08-27].[http://yywz.snnu.edu.cn/show.aspx?cid=22&id=1156.

② 尼山书院 [EB/OL].[2015－06－10].http：//www.nishanshuyuan.com/nssy/webpage/home.jsp.

③ 张玉书. 公共图书馆阅读推广中的经典诵读案例探析 [J]. 图书馆研究与工作，2012（3）：35－38.

④ 许欢. 儿童传统经典阅读推广研究 [J]. 图书与情报，2011（2）：7－10.

⑤ 朱永新. 阅读与中国教育改造 [M]// 北京大学图书馆学开放论坛演讲集. 北京：北京图书馆出版社，2009.

组织少年儿童诵读、熟背中华古诗文经典。①

国外也开展许多经典诵读活动，如荷兰阅读基金会、荷兰图书共同宣传及公共图书馆协会合作举办的针对小学高年级的阅读推广项目"大声朗读竞赛"。②荷兰中文教育协会还定期主办普通话朗诵／演讲比赛。③除本地选手外，欧洲其他国家也有选手参赛。

（三）名著影视欣赏

借助名著的影视效应，带动原著的阅读热潮，进而推广经典阅读也是一种有效的经典阅读推广方式。学校或图书馆可以组织学生观看由名著改编的中外电影，如组织观看《悲惨世界》《乱世佳人》《雷雨》《阿Q正传》《骆驼祥子》，等等；同时引导学生去阅读原著。这种寓教于乐的经典推广方法效果很是明显。如路遥的小说《平凡的世界》近些年来表现平平，自2015年3月同名电视连续剧开播以来，带动了原著热销，部分书店曾卖断货，而图书在各大图书榜单中也跃居榜首。④再以《白鹿原》的借阅为例，武汉市硚口区图书馆在2012年11月做了一次调查，从小说在1992年由北京文艺出版社出版到2011年间，该书的借阅率仅为11%。2012年由其改编的同名电影上映后，从2012年至2013年4月，其借阅率直线上升到92%。由此可见小说改编成电影后引起的轰动效应。⑤

（四）开设经典阅读课程

这一形式是指学校开设有特色的经典阅读课程，严格按照教学计划组织实施，合理选择教材。低年级学生可以由图书馆教师指导普及经典阅读书目，高年级学生可以由专业教师指导学习专业经典著作。目前已有多个高校开设

---

① 中华古诗文经典诵读工程简介.[EB/OL].[2015－03－20].http：//zqb.cyol.com/content/2000－10/17/content_93592.htm.

② De Nationale Voorleesweds trijd[EB/OL].[2014－04－24].http：//www.denationalevoorleeswedstrijd.nl/.

③ 荷兰中文教育协会举办普通话朗诵演讲比赛[EB/OL].[2015－03－26].http：//www.chinanews.com/hwjy/2013/04－18/4741541.shtml.

④ 《平凡的世界》电视剧热播带动原著热销[EB/OL].[2015－03－27].http：//book.workercn.cn/288/201503/12/150312143741814.shtml.

⑤ 邹华华.让高贵与民同在：论公共图书馆与文学经典阅读推广[J].图书馆论丛，2014（1）：18－21.

了经典阅读课程，如清华大学开设的《中国文化名著导读》课程，曲阜师范大学图书馆馆长的《论语》公共课程，①济南大学文学院开展的书院式经典阅读实践。②

现在不少高校已形成以"大学语文"课程为核心的人文素质教育课程群，如华东师范大学在全校范围开设了唐诗欣赏与研究、《红楼梦》研究、古代戏曲名著精读、古文字基础、《论语》精读、《庄子》精读、《史记》选读、《昭明文选》精读等课程。③云南财经大学传媒学院推出的经典阅读课有：《论语》导读、老庄选读、唐诗鉴赏、宋代婉约词选等十门课程。④首都师范大学为本科生开设了中国古代文学经典导读、中国现当代文学经典导读、诺贝尔文学奖获奖作品导读、中国古代小说名著导读、《论语》导读等，同时政法学院教师还开讲了政治学名著导读、社会学名著导读。⑤

三、综合方法

（一）组织读书会

组织读书会、读书沙龙、读书小组、读书交流会、故事会等形式，也是经典阅读推广活动的常用方式。图书馆可以组织各种专题的经典读书小组，如《红楼梦》读书小组、《论语》读书小组等，读者可以根据个人的兴趣爱好选择参加。读书小组可采取自学和集体学习原著相结合、小组讨论交流、教师答疑辅导等学习形式。如香港公共图书馆与香港教育城网上讨论区支持机构，根据不同读者群和年龄段联合组织成立了"青少年读书会""家庭读书会""亲子阅读讲座及工作坊"等各种读书会，推动社会阅读。⑥新加坡公共图书馆和社区组织对公众开放了20个读书俱乐部，如出租车司机读书俱乐部、小作家俱乐部、中心地带读书俱乐部、爱书者俱乐部、中国文化及历史图书俱乐部，等等。每个俱乐部都有独特的主题，民众可以参加各自感兴趣的俱乐部并就所

---

① 张晓燕.大学生经典阅读探析 [J].河南图书馆学刊，2008，28（1）：67－68，80.

② 刘传霞.书院式经典阅读的构想与实践 [J].济南职业学院学报，2011（2）：117－120.

③ 华东师范大学《大学语文》课程 [EB/OL].[2015-08-20].http://jpkc.ecnu.edu.cn/0714.

④ 彭玉娟.经典阅读与实践活动 [J].中国大学教学，2009(9):55－57.

⑤ 彭艳，屈南，李建秀.试论大学图书馆的经典阅读推广：以首都师范大学图书馆为例 [J].大学图书馆学报，2012（2）：91-94.

⑥ 师丽娟.港澳地区阅读推广活动介绍及启示 [J].图书馆杂志，2007（5）：61－63，41.

读的书畅所欲言。①

案例 我爱经典读书活动

首都师范大学图书馆自 2008 年 5 月在大学生中组织开展"我爱经典"读书活动以来，先后成立了"四书五经""哲学研究""二十四史"《资本论》四个主题的学习经典读书小组。图书馆提供活动场所，并准备了书架和多种经典著作，活动一般是每周一次，每次两个小时。读书小组组织大家讨论交流，每人定期提交读书心得。同时邀请教师参与经典阅读的指导，通过举办学术报告会和读书辅导会的形式，引导大学生认真阅读经典原著。②

（二）举办读书周、读书节等活动

此外，图书馆还经常举办读书周、读书月、读书节、读书夏令营等综合性的大型活动，开展经典阅读，带动整个社会亲近阅读、亲近经典。

案例 南图阅读节 ③

南图阅读节是南京图书馆打造的品牌经典阅读推广活动。从 2010 年起，南图阅读节每年举办一届，阅读节确立的主题是"和名著对话"，每年选定一部经典名著进行导读，采取主题学术研讨会、作品吟诵、主题论坛、主题讲座、图书展示、影视赏析、书法绘画、知识竞赛、作品展览等活动形式。2010 年，首届南图阅读节以《红楼梦》为主题，2011 年、2012 年、2013 年分别以《西游记》《水浒传》《三国演义》为主题：为此，南图制作了不同版本的文献插图展，举办了动画设计作品大赛、不同版本名著影视戏曲片赏析、人物画邀请展、读者知识竞赛等。在官网上开设年度、季度图书推荐专栏，发布各种书目推荐榜，还开辟专门的馆室陈列经典图书。围绕馆藏资源定期推出南图会展，以"图"阅读，如"名著插图系列主题展"，每年定期推出一期或两期，目前已对 400 多部经典名著进行了导读介绍。2010 年创立"南京图书馆陶风读书奖"，成为国内首个由

---

① 申倩倩，吕东.新加坡图书馆阅读推广策略实践研究 [J].河南图书馆学刊，2014（10）：22 – 24.

② 彭艳，屈南，李建秀.试论大学图书馆的经典阅读推广：以首都师范大学图书馆为例 [J].大学图书馆学报，2012（2）：91 – 94.

③ 秦志华.弘扬经典亲近阅读：南京图书馆经典阅读推广活动探析 [J].新世纪图书馆，2014（1）：23 – 26.

省级公共图书馆主办的图书评奖活动。[①]

我国台湾地区的公共图书馆每年都会利用图书馆周的机会举办各类宣传推广活动，如台北市推的出图书馆彩绘、主题书展、e 起来耍库——公共图书馆资料库检索等活动。[②]

日本每年都开展"儿童读书周"活动。如 2013 年第 55 届"儿童读书周"活动于 4 月 23 日至 5 月 12 日举行。活动鼓励儿童从小亲近书本、感受阅读乐趣、养成良好的读书习惯，围绕"如何推广家庭、地区阅读"这一课题制订了建立家庭儿童文库、鼓励父母陪伴孩子读书等一系列方案。[③]

四、宣传评估

经典阅读推广的活动举办了不少，但往往事先读者不知道，事后也是活动结束就结束了，缺少对活动有效的宣传与评估，使活动失色不少。现在不少图书馆等机构已意识到了这个问题，开始重视宣传与评估工作了。如深圳图书馆高度重视"全民阅读"活动宣传，除通过门户网站、微博微信、公告牌、LED 屏、横（条）幅、海报、宣传折页等媒介全方位推介宣传本馆资源、服务及读者活动外，还借助深圳图书馆阅读大使、各级媒体，广泛宣传公共图书馆，促进阅读理念传播。深圳图书馆 2014 年阅读推广工作也获得了业界的广泛认可，获得了多项阅读奖项及荣誉。如"全国盲人阅读推广优秀单位"、"深圳市文明示范窗口"、第十届"深圳市外来青工文体节"电视展播优秀奖、第十一届深圳关爱行动"百佳市民满意项目"、2014 年度深圳市文化志愿服务示范项目、第八届深圳市网络文化奖评选年度公共服务奖三等奖等。

经典阅读推广的评估最常见的是活动中的问卷调查，但这还远远不够。图书馆对活动中的创新思路、创新方式方法及活动中出现的问题要及时进行总结，对活动产生的影响及产生的效益要及时评估，改进不足，以期取得更好的成绩，为下次活动取得宝贵经验。

---

① 方标军 . 在首届南图阅读节开幕式上的致辞 [J]. 新世纪图书馆，2011（2）：3.
② 曹桂平 . 关于台湾地区阅读推广活动的思考 [J]. 图书馆建设，2010（3）：78 - 82.
③ 周樱格 . 日本图书馆阅读推广动向研究：案例分析与启迪 [J]. 新世纪图书馆，2013（5）：23 - 26.

第二节　不同阅读推广主体的经典阅读推广方法

阅读推广的主体，主要是指特定阅读推广项目的策划者、组织者、实施者
和管理者。由于各自职能、角色及拥有的资源不同，所启动的阅读推广项目的
目的是不同的，所以其使用的阅读推广方法也是不同的。目前经典阅读推广的
主体主要是公共图书馆与高校图书馆，其他类型的图书馆、出版社、各类专业
学会、民间社团、各公益组织等也都在积极推广经典阅读。高校图书馆与公共
图书馆服务对象有所不同，因此经典阅读推广方式是有区别的。

一、公共图书馆的经典阅读推广方法

公共图书馆因其服务人群的多样性决定了其阅读推广活动的多样性，活动
的客体包括婴儿、幼儿、青少年、成年人、老年人、特殊群体等不同的群体。
公共图书馆偏重文化氛围的营造以及社会教育功能，所以在经典阅读方式上偏
重深化阅读、艺术鉴赏方面。公共图书馆必须整合资源并重新定位，将推广经
典阅读纳入公共图书馆的常规服务中，联合社会力量进行经典阅读推广。如，
公共图书馆和出版社、书商联合举办新书展、获奖图书展、优秀经典图书评比、
公益折价图书展、图书捐赠等。

比较著名的有深圳沙头角街道图书馆的"小桔灯"阅读推广计划、全民阅
读的"苏州模式"、东莞"图书馆之城"等。具有地方文化特色的经典阅读推广
活动还有连云港市图书馆"西游记文化节"。[①]

武汉图书馆则将经典阅读推广融入城市空间和市民文化生活，开展"中外
名著上街头""人文经典上街头"等荐书活动，引导市民阅读经典。

抚州市图书馆在"世界读书日"举办"诵读经典，精彩人生"主题活动，
开展百种优秀青少年读物展阅活动，向大众推介展阅"百种优秀图书入选书
目"，举办"文化抚州大讲堂"。此外还举办了"品读书香，诵读经典"全市演
讲比赛和"我读经典"全市有奖征文活动，设立临川文化图书专架，吸引读者

---

① 郝涛洁.公共图书馆全民阅读活动现状分析：以连云港市图书馆为例 [J].淮海工学院学报：人
文社会科学版，2014（10）：135－137.

关注和利用地方经典文献。①

台北市立图书馆举办了"林老师说故事""好书大家读""儿童暑期主题阅读"活动。桃园县文化局图书馆则选出一本"桃园之书",举办持续一年的阅读讨论会与征文等活动。台中县沙鹿镇立深波图书馆推出了"图书起跑线"计划。②

香港的公共图书馆推行"儿童图书推介计划"等多项课外阅读计划,每月定期举办各种教育性及休闲性阅读推广活动、课外阅读计划、书籍展览、科技与人生讲座系列、亲子故事工作坊、阅读营、兴趣小组等。每年的暑假期间举办"阅读缤纷月"活动,同时还与其他机构合办如"十本好书"阅读推广计划、"阅读嘉年华"和"中学生好书龙虎榜"活动。③

国外公共图书馆也各自开展具有特色的阅读推广活动,如英国剑桥公共图书馆开设的"亲子读书会"、"少女文学讨论会"、"阅读起跑线"计划、"阅读日代金券"活动及"快阅读"活动(Quick Read);美国洛杉矶图书馆与社区图书馆合作建立少年感化院,举办公园和休闲场所的读书计划活动、"快乐阅读"活动、"一城一书"活动,并建立"暑期阅读之乐"网站。

二、高校图书馆的经典阅读推广方法

高校图书馆读者比较单一,但大学生的阅读倾向和规律因所处年级、知识积累、所学专业的不同而有明显差异,因此,面对不同的群体开展的经典阅读应有针对性。高校图书馆经典阅读推广活动形式多样、内容丰富,使用的方法众多,几乎容纳了前文介绍的所有方法,而且许多新兴的阅读推广方法是在高校图书馆创新实践的。

如北京大学图书馆的经典阅读推广活动形式多样,针对不同群体学生有不同的方法。2011年北大图书馆成立跨部门的宣传推广小组,不断尝试新颖的活动方式,通过阅读摄影展、经典电影选映、讲座视频点播等多样化形式,丰富读者的体验。每年的"世界读书日"活动持续两个月。2012年举行了主题为"读书读出

---

① 孔彬.公共图书馆经典阅读服务实践研究:以江西省抚州市图书馆为例[J].图书馆论坛,2014(5):139-147.

② 陈书梅.从台湾阅读推广活动之现况谈公共图书馆之阅读指导服务[J].图书馆建设,2006(5):78-81.

③ 师丽娟.港澳地区阅读推广活动介绍及启示[J].图书馆杂志,2007(5):61-63,41.

好心情"的推荐图书展览、主题图书讲座、网上图书展览、图书漂流、"学科咨询日"等一系列活动；2013 年以"人间四月读书天"为主题，以年度"未名读者之星"颁奖典礼、"阅读与精神生活"讲座为主，期间穿插举办"好书中的好书"推荐书目展、经典电影展映、图书漂流等；2014 年以"书读花间人博雅"为主题，策划组织了北大读书讲座、年度"未名读者之星"评奖、推荐书目 / 阅读摄影展、"书籍之美"视频节目展播、换书大集 / 图书漂流等活动。其中"书读花间人博雅——北京大学图书馆 2013 年好书榜精选书目 / 阅读摄影展"，在推荐 30 本好书的同时对应展出 30 幅仿西洋读书图的摄影作品，摄影作品以"阅读的少女"为主题，吸引了众多读者的关注。在活动的载体选择上，除了传统的馆内实体展览，还通过官方社交媒体账号举办线上活动，如利用官方微博、微信、人人网账号，每天推荐出"一书一图一介绍"的网上微展览，短文配好图，并实时跟踪，积极与读者互动。传统媒介与社交网络全方位、立体化的宣传造势，增强了活动的影响力。①

第三节　不同阅读推广对象的阅读推广方法

阅读推广的对象包括婴幼儿、儿童、青少年、高校学生、成人、老年人、农民、农民工、残疾人等。针对不同对象有不同的阅读推广方法，前文案例中已有提及，这里只简单阐述面向儿童和特殊人群的推广方法。

一、儿童经典阅读推广方法

广义上来说，儿童经典阅读推广的对象包括婴幼儿、儿童、青少年等。儿童经典阅读推广的主体较多，主要有政府部门、教育机构、中小学、中小学图书馆、公共图书馆、少儿图书馆等。在书籍形式上有绘本、图文本，有原本、注解本、白话本等；在载体上，除了纸质本，还有视频、音频等资料。除了基本的绘本阅读、亲子阅读、家庭阅读、经典诵读和诗歌朗诵比赛外，应多开展

---

① 刘雅琼，张海舰，刘彦丽 . 创意为先，实效为王：北京大学图书馆阅读推广活动的案例研究 [J]. 大学图书馆学报，2015（3）：77 - 81.

一些经典分享活动，如经典文学作品的角色扮演秀、通过绘画来展示唐诗、经典故事分享会等。例如，重庆市少年儿童图书馆设立的"经典品读故事会"、江阴图书馆"书海拾贝"经典阅读知识问答活动、深圳少儿图书馆的"名著新编短剧大赛"等活动就较有特色和创意。

儿童经典阅读广泛使用分级阅读法，分级阅读是一种世界性的阅读趋势，就是按照少年儿童不同年龄段智力和心理发育程度为少年儿童提供有针对性的阅读计划，为不同的孩子提供不同的读物。分级阅读很好地解决了不同年龄段的孩子处在不同阅读水平的时候读什么、怎么读的问题。西方的分级阅读出现较早，分级阅读读本有确切的分级标准，最著名的五种分级阅读体系包括：莱克赛尔体系、指导阅读体系、阅读发展评价体系、玛丽·克莱创立的"阅读校正体系"、阅读能力等级计划。国内在分级阅读指导方面起步较晚，2009年，接力出版社成立"接力儿童分级阅读研究中心"，广东省委宣传部出资成立"南方分级阅读研究中心"，创建了"小伙伴分级阅读网"。[①]

分级阅读需要对经典阅读内容按照题材、学科领域、内容层次的不同来划分。还要根据经典阅读对象的年龄结构、知识结构、性别等，进行针对性选择。教育部按照文化程度对小学生、中学生、大学生等分别列出了经典阅读书目，大部分高校图书馆也相应制定了经典阅读书目。2010年，朱永新教授创办了新阅读研究所，组织专家编制中国基础阅读书目。该项目是按年龄等因素编制的分级阅读的推荐书目。该机构先后公布了《中国小学生基础阅读书目》《中国幼儿基础阅读书目》《中国中学生基础阅读书目》。而基于大学生、教师、企业家、家长的基础阅读书目也在陆续研制中，最终将形成中国基础阅读书目。[②]

国家对儿童经典阅读推广十分重视，自2004年起，新闻出版总署每年向青少年推荐100种优秀图书。中国图书馆学会则主办了"全国少年儿童阅读年""少年儿童阅读高层论坛"等。2009年底中国图书馆学会青少年阅读推广专业委员会成立，这是中国图书馆界重视儿童读书的一个重要标志。2009年4月，中国图书馆学会与湖南少年儿童图书馆举办了"少年儿童阅读推广讲坛"。2009年8月，"全国少年儿童阅读年——少儿阅读讲故事大赛"在重庆少年儿童图书馆举

---

① 徐雁. 全民阅读推广手册 [M]. 深圳：海天出版社，2011.
② 新阅读研究所简介 [EB/OL]. [2015－08－27]. http://bbs.eduol.cn/article-8199-1.html.

办。2010 年 6 月，《图书馆报》举办"全国少儿阅读公共论坛"，这是出版界与图书馆界联合起来，就儿童阅读举办的大型论坛。①

2010 年 2 月，在东莞图书馆召开的"儿童绘本导读专家审读会"，就儿童绘本阅读展开研讨，推出《儿童绘本导读书目·心灵成长系列》。②

香港公共图书馆与教育统筹局等部门一起推行了多项儿童阅读计划，其中"阅读城建设工程"分为"一起阅读""愉快阅读"及"分享阅读"三部分。"一生一卡"计划是由香港公共图书馆与香港教育统筹局携手推行的、免费为全港的小学生办理图书借阅证的活动。"儿童及青少年阅读计划"，针对 4 ～ 19 岁的香港儿童及青少年，根据其阅读记录，每年底颁发奖励证书。③

在德国，"读书小海盗"竞赛将阅读与互联网相连，邀请教育专家为孩子们精选了 2536 种图书，学生们通过阅读图书并回答问题来完成"海盗"之旅。"小海盗"网站会列出寻宝书单，即时公布答案、得分、竞赛中的总积分以及参赛学生在学校甚至全国的排名。其他的还有阅读测量尺、朗读志愿者俱乐部、阅读童子军、爸爸给我读书、阅读筑桥等阅读推广项目。④

案例 深圳少年儿童图书馆经典阅读

深圳少年儿童图书馆开展有"䳍杜鹃"青少年经典阅读计划、"常青藤"文献资源共建共享计划、"蒲公英"务工人员子女关爱计划、"康乃馨"无差别阅读计划，"向日葵"深圳童年珍藏计划等。2010 年开通自主研发的一站式数字资源阅读平台——"e 读站"，2011 年，推出"喜阅 365"——亲子共读计划，创建爱读网、喜悦微博，每天推荐一本好书，开展阅读指导活动。该馆的经典阅读分为世界经典、中华经典、绘本经典和视听经典。世界经典方面，有面向 4 ～ 18 岁的青少年儿童推广经典阅读的"䳍杜鹃"计划，主要推广方式有经典书会、名著新编短剧大赛等。中国经典方面有"红牡丹"中华文化传承计划。主要活动有"国学社""国艺团""国学宝贝"等。绘本阅读方面成立了一个专

---

① 王余光.图书馆与儿童阅读推广 [J].图书馆理论与实践，2010（8）：1－3.

② 东莞图书馆.儿童绘本导读书目：心灵成长系列 [M].内部印本.2010.

③ 师丽娟.港澳地区阅读推广活动介绍及启示 [J].图书馆杂志，2007（5）：61－63，41.

④ Books Build Bridges[EB/OL].［2013－01－26].http：／／www. readingworldwide. com／index. php？ id＝51601.

门小组，选出好书，写明推荐理由，制成阅读台历，读者可以通过微博和"爱读网"分享阅读体会。视听阅读方面则重视图画阅读和视频阅读。①

二、特殊群体的经典阅读推广方法

经典阅读推广工作要特别关注社会特殊群体，重视对老年人、残疾人、外来务工人员等的服务工作。针对不同群体，要提供不同的服务。如面向残疾人，要积极策划、组织、实施各种阅读推广活动，配置方便残疾人阅读的仪器设备，比如有声读物、盲文书等。为下岗职工服务，可以建立下岗职工再就业培训基地，使他们在阅读中获取各种专业技能知识。对城市外来工，可组织"外来工家园"，定期举办读书会、讲座、播放电影，让他们通过阅读经典图书充实业余生活，提高文化素养。

山东省图书馆为盲人读者建设了"光明之家"，2013 年成立了"光明之家·视障数字阅览室"。2014 年 10 月 24 日开通了山东省"光明之家"盲人数字图书馆，利用语音技术，实现了盲人上网的全语音指令、语音导航及资源内容的语音朗

图 7-3　山东省图书馆"光明之家"视障数字阅览室

---

① 深圳少年儿童图书馆 [EB/OL].[2015－02－10]. http：//www.szclib.org.cn/.

读，引进和开发适用的盲人数字资源，对传统数字资源进行无障碍数字化改编，构建盲人数字资源库群。目前已经上线各类有声资源2万余部，涵盖了文化学习、技能培训及娱乐生活等各个门类。山东省文化厅还利用省财政资金，在全省基层图书馆建设标准的基层"光明之家·视障阅览室"，配备了有声读物、电脑、读屏软件、盲文点显器、电子助视器、盲文学习机、CD播放机、读书郎等设备和器材，开展个性化服务，引领视障读者阅读。如日照市"光明之家"开展送书上门服务；诸城市"光明之家"通过"一对一"结对帮扶的方式服务；微山县"光明之家"采用"保姆式"服务，最大限度满足盲人朋友的阅读需求。①

美国哈佛大学图书馆十分关注残疾读者。哈佛大学图书馆设有90多个分馆，其中32个分馆为残疾读者提供服务，这些分馆在建筑设计及服务设施配备方面充分考虑残疾读者的特殊性，配备了残疾读者专用的阅读设备。例如，卡伯特分馆配备了6个轮椅可达的工作站和网络打印机，霍顿分馆配备了笔记本电脑，罗卜音乐分馆配备了专门的听力设备等。这些设施设备，都使残疾读者可以与其他读者一样平等地利用图书馆资源。②

参考文献

[1] 王余光.阅读，与经典同行 [M].深圳：海天出版社，2013.

[2] 李超平.公共图书馆宣传推广与阅读促进 [M].北京：北京师范大学出版社，2013.

[3] 朱永新.阅读，让城市更美丽：苏州创建书香城市纪实 [M].北京：人民出版社，2011.

[4] 吕梅.共享阅读 [M].北京：国家图书馆出版社，2011.

[5] 赵俊玲，郭腊梅，杨绍志.阅读推广：理念·方法·案例 [M].北京：国家图书馆出版社，2013.

[6] 王余光.中国阅读文化史论 [M].北京：北京图书馆出版社，2007.

[7] 徐雁.全民阅读推广手册 [M].深圳：海天出版社，2011.

---

① 山东省图书馆 [EB/OL].[2015－03－20].http：//www.sdlib.com.
② 哈佛大学图书馆 [EB/OL]. [2011－12－01].http：//hul.harvard.edu/.

[8] 郎杰斌 . 台湾地区的阅读推广活动考察分析 [J]. 图书与情报,2013(5):
29-34，43.

思考题

1. 请设计一个适合你馆实际的经典阅读书目，列出推荐理由。

2. 请设计一个经典诵读活动。

3. 如何组织开展一场经典阅读推广活动？

第一节　经典导读简述

一、经典导读的意义

经典导读是对阅读经典名著的入门路径进行导引，揭示著作的内涵和思想，提炼其要义和价值，赏析其风格和意义，使读者对其产生较为直观的认识，引发阅读冲动，进而培养出阅读兴趣。"夫经籍者也，神机之妙旨，圣哲之能事，所以经天地，纬阴阳。"[1]经典名著是在漫长的人类历史长河中被反复咏唱、诵读、赏析的艺术瑰宝，是历经千锤百炼传承下来的知识精华，是人类世界中最强大的文明力量。阅读经典名著可获得知识启迪、提高人文素养、升华情感、洗礼精神和滋养心灵，真正沉浸其中必能受益无穷。美国教育家与思想家赫钦斯认为，如果一个人从来没有读过本民族的任何经典名著，就不能称得上是一个受过教育的人。[2]经典导读旨在引导普通读者接触经典，从而逐步开展经典阅读。

经典名著有的言简意赅，内涵丰富；有的艰涩难懂，意味深长；有的篇幅冗长，布局深远；有的角色众多，殊胜奇妙；有的背景复杂，情节独特……经

＊　王冬阳，深圳图书馆副研究馆员。暨南大学行政管理专业毕业，大学本科。研究方向为图书馆管理，发表论文多篇。

① 〔唐〕魏征．隋书：经籍志 [EB/OL].[2015-05-10].http://www.wxshx.cn/data/articles/a03/10.html.
② 〔美〕罗伯特·M.赫钦斯.美国高等教育 [M].汪利兵，译.杭州：浙江教育出版社，2001：46.

典名著的益处非常明了，但其带给读者的阅读美感和精神价值，非经细细品读无法真切感受。阅读经典需要一定的引导，使未接触过经典的读者能与经典结缘，使浅尝即止的读者能进一步密切接触。

经典导读的功能也包括将经典阅读与时尚阅读、读屏与读图阅读等快餐式阅读进行回应性比对，通过考察不同的阅读形态对人们心灵成长和思维发展的影响，引出经典阅读的现实价值，阐明经典具有找到自我精神价值的功能。书海浩瀚无比，人生时光短暂，阅读经典方能在有限的时间内获得最大化的阅读效果。开展经典导读，需要通过有说服力的例证，使读者看到经典名著中蕴含的思想、智慧、知识和精神等宝贵财富，使读者充分认识到阅读经典能够有效建构个人知识、完善学术思想、丰富精神境界，是个人发展的重要生长点。

朱自清先生认为，"做一个有相当教育的国民，至少对于本国的经典，也有接触的义务"。[①]经典导读，就是要让读者从时尚阅读、简单阅读走向经典阅读，使人们逐步克服欲望和惰性的支配，重拾经典文本，葆有对经典的热情。

经典导读的用途，一则可以用于日常教学，提高学生阅读经典的质量，起到指引阅读、带领阅读和辅导阅读的作用；二则可以用于经典阅读推广活动，例如用于制作经典阅读小册子、公益宣传材料，用于制作多媒体音视频以普及经典传播，还可作为开展经典阅读展览的素材，或在阅读类杂志中形成经典导读文章，既可以印制成实物资料进行传播，也可以通过网络、移动设备终端进行推广，向社会公众进行传播，拉近受众与经典的距离。

二、经典导读的原则

经典导读需要保持对原著的敬畏，力求客观准确，兼具主观解读，通过深入浅出的介绍，形成具有较强可读性的导引文字，展现原著要旨及主要亮点，使读者建立起对原著的基本认知，帮助读者更好地理解原著。瑞士著名学者赫尔曼·黑塞认为："为获得真正的教养可以走不同的道路。最重要的途径之一，就是研读世界文学，就是逐渐地熟悉掌握各国的作家和思想家的作品，以及他们在作品中留给我们的思想、经验、象征、幻想和理想的巨大财富……对思想家或作家的每一部杰作的深入理解，都会使你感到满足和幸福……不是因为获

---

① 朱自清.经典常谈[M].上海：上海文艺出版社，1999：11.

得了僵死的知识，而是有了鲜活的意识和了解"。[①]经典导读需要坚持以下原则：①尊重文化，尊重原著，尽量回归到作品特定的语境中展开解读；②跨越时空与作者"展开对话"，结合自身理解进行延伸性诠释；③引用名家名言，引起读者更多的关注；④凡导读必先对作品进行深入的阅读和理解，力图以贴切的表述呈现作品的真正意涵；⑤引用经典作品中具有代表性的文字或使用精练的语言对作品进行描绘，力求呈现经典之美。

三、经典导读的内容

经典著作需要细细品味才能感受其芳香，从事经典导读更加需要耐心和细致地发掘经典的内涵，并使经典的魅力以最有利的方式呈现在读者面前。一般经典导读可包括以下几方面内容：名著概述、作者介绍、文本解读、语境分析、意义阐释、风格赏析、版本推荐和其他阅读建议等。

第二节　名著概述与作者介绍

一、名著概述——揭示经典要义及主要影响

名著概述主要对作品的思想主旨、主要内容、体裁线索、主要人物和作品历史评价等方面进行整体介绍，提炼故事梗概或主要思想，力求给读者一个总体印象，形成相对完整的初步认知。现代心理学之父皮亚杰认为，"所有智力方面的工作都要依赖于兴趣"，[②]通过名著概述对名著在不同时代不同社群中产生的主要影响及历代名家的主要评论进行介绍，摘录重要的描述文字进行展示，从而激发读者的阅读热情，有效拉近名著与读者的距离，如此较易唤起读者的关注。

---

① 〔瑞士〕赫尔曼·黑塞.获得教养的途径[M]//赫尔曼·黑塞.黑塞说书[M].杨武能，译.读书，1990（3），1991（4）.

② 〔瑞士〕皮亚杰.教育科学与儿童心理[M].北京：文化教育出版社，1981：21.

例一 :《诗经》概述

《诗经》是我国最早的一部诗歌总集，是我国诗歌的生命起点。它收集和保存了古代诗歌305首（另有6篇只存篇名而无诗文的"笙诗"不包括在内）。《诗经》最初只称为《诗》或"诗三百"，到西汉时，被尊为儒家经典，才称为《诗经》。这些诗当初都是配乐而歌的歌词，保留着古代诗歌、音乐、舞蹈相结合的形式。但在长期流传中，乐谱和舞蹈失传，就只剩下了诗歌。[①]

图 8-1 《诗经选》

例二 :《诗经》历史评价

对于诗的作用，孔子有很高的评价。他说："小子何莫学夫《诗》，《诗》可以兴，可以观，可以群，可以怨，迩之事父，远之事君，多识于鸟兽虫鱼之名。"（《论语·阳货》）又说："兴于诗，立于礼。"（《论语·泰伯》）这就是说《诗》在修身方面有教育作用，在治国方面可以观察时政得失，还可以使士人相互切磋砥砺，以至批评怨刺统治者的政策措施，把诗教提到了治国兴邦的高度。[②]

例三 :《诗经》的影响

《诗经》的影响，在孔子、孟子的时代便已极大了。希腊诗人及哲学家，每称举荷马之诗，以作论证；基督教徒则举《旧约》《新约》二大圣经，以为一己立身行事的准则；我们古代的政治家及文人哲士，则其所引为辩论讽谏的根据，或宣传讨论的证助者，往往为《诗经》的片言只语。此可见当时的《诗经》已具有莫大的权威。这可见《诗经》中的诗，在当时流传得如何广！[③]

---

① 王秀梅译注 . 诗经 [M]. 中华书局，2006：1.

② 王秀梅译注 . 诗经 [M]. 中华书局，2006：9.

③ 郑振铎 . 郑振铎全集：第八卷 [M]. 石家庄：花山文艺出版社，1998：36.

例四：《论语》简介

《论语》约成书于战国初期，是孔子的后学记述孔子及其弟子言行的语录体典籍，反映了孔子的政治思想、学术思想和教育思想，是儒家最重要的经典。从东汉起，《论语》即为"七经"之一，宋以后被收入"十三经"，成为士人科举的必读教材。两千年来，《论语》不仅是读书人案头必备，其中众多名言名句更是融入百姓日常言谈，于中华民族道德文化的形成及民族性格的铸造影响深远。时至今日，《论语》仍一版再版，发行量惊人。①

图 8-2 《论语译注》

例五：《论语》历史评价

北宋政治家赵普曾有"半部《论语》治天下"之说。朱熹认为《论语》是中国文化的第一部要籍，近代国学家梁启超在《国学入门书要目及其读法》中道："《论语》为两千年来国人思想之总源泉；《孟子》自宋以后势力亦与相埒。此二书可谓国人内的外的生活之支配者，故吾希望学者熟读成诵。"国学大家钱穆先生在《孔子与论语》一书中强调：《论语》应该是一部中国人，人人必读之书；不仅中国，将来此书，应成为一部世界人类的人人必读书。"②

二、作者介绍——描绘作者生平与著作关联

作者生平介绍是经典名著导读的必要环节。经典传递，经久不衰，因而名著作者的影响力、知名度和美誉度深入人心，挖掘作者生平进行介绍，对于名著的解读非常有助益，有利于了解作者所处时代的社会背景以及作品成型的历程。孟子曾说"颂其诗，读其书，不知其人可乎？是以论其世也。"③只有了解作者及其所处社会背景才能准确把握作品。透过对作者人生经历的了

① 深圳图书馆.2014 南书房家庭经典阅读书目（30 种）[J].行走南书房，2014（1）.

② 熊泽文.《论语》导读 [M].北京：北京师范大学出版社，2012：1.

③ 万丽华，蓝旭译注.孟子 [M].北京：中华书局，2006：236.

解，有助于更好地理解作者的思想脉络。经典导读通过介绍作者的其他著作，有利于将导读的作品置于作者完整的思想体系中进行呈现。

图8-3《孟子译注》

例一：孟子生平

孟子是儒家最主要的代表人物之一，但其地位在死后相当长的时间内并非很高。直至唐韩愈《原道》中提出"尧以是传之舜，舜以是传之禹，禹以是传之汤，汤以是传之文、武、周公，文、武、周公传之孔子，孔子传之孟轲，轲之死，不得其传焉"的说法，把孟子视为先秦儒家中唯一继承孔子"道统"的人物，孟子其人其书的地位方才逐渐上升。北宋神宗熙宁四年，《孟子》一书首次被列入科举考试科目之中；元丰六年，孟子首次被官方追封为"邹国公"，翌年被批准配享孔庙。以后《孟子》一书升格为儒家经典，南宋朱熹又把《孟子》与《大学》《中庸》《论语》合为"四书"，其实际地位更在"五经"之上。元朝至顺元年，孟子被加封为"亚圣公"，以后就称为"亚圣"，地位仅次于孔子。[①]

例二：荀子生平

荀子，姓荀，名况，时人尊号为卿，赵国人。精通《诗》《礼》《易》《春秋》，是战国末期继孔、孟之后儒家学派中的大师，是我国古代杰出的唯物主义思想家、教育家。李斯、韩非都是他的学生。[②]

例三：罗素生平

罗素是20世纪英国声誉卓著的思想家、哲学家、数学家、社会活动家。他所涉及的研究领域极其广泛，《西方哲学史》是其主要著作之一。此书文辞优美，幽默易懂，全面考察了从古希腊罗马时期到20世纪中叶西方哲学思潮的发展历

---

① 方勇译注. 孟子 [M]. 北京：中华书局，2014：6 - 7.
② 刘建生. 荀子精解 [M]. 北京：海潮出版社，2012：1.

程，是一部既具有思想深度又具有文学才情的哲学史。1950 年罗素被授予诺贝尔文学奖时，《西方哲学史》被列举为获奖因素之一。罗素不仅讨论书中人物的生活、历史背景、社会环境和他们的哲学系统，还饶有兴致地解释他们错在哪里以及为何出错。因此《西方哲学史》常被看成既是关于书中人物哲学也是关于罗素自身哲学的一部著作。本书作为在世界上影响巨大的学术名作，译介到我国后也成为许多人案头必备的哲学读本。①

第三节　文本解读与语境分析

一、文本解读——展现作品脉络与主要内容

经典导读过程中，通过文本解读，梳理名著的智慧结晶，展现作品脉络与主要内容，并将名著精华以精彩片段赏析、名句集锦等方式呈现给读者，使得读者透过这一窗口，管窥著作全貌，由点到面，展开后续的阅读行为。透过文本解读，展现经典的妙处，间接向读者传递这样的信息："一本消遣或娱乐性的书可能会给你带来一时的欢愉，但是除了享乐之外，你也不可能再期待其他的收获了，为了讯息而阅读，就跟为了愉悦阅读一样，没法帮助心智的成长"，②而"伟大书籍永远超过每一个人的头脑，这正是大家必须一读再读的原因，也正是对大家有益的原因"。③

例一：《诗经》摘录

《诗经经典百句》一书，按照"名句的来历""名句全掌握""名句全阅读""名句纵横谈"进行解读：

1. 窈窕淑女，君子好逑

2. 黄鸟于飞，集于灌木，其鸣喈喈

3. 采采卷耳，不盈顷筐

---

① 深圳图书馆.2014 南书房家庭经典阅读书目（30 种）[J].行走南书房，2014（1）.

② 〔美〕艾德勒，范多伦.如何阅读一本书[M].郝明义，朱衣，译.北京：商务印书馆，2004：292.

③ 〔美〕莫蒂默·阿德勒.西方名著中的伟大智慧[M].王月瑞，译.海口：海南出版社，2002：123.

4. 南有樛木，葛藟累之

5. 宜尔子孙，绳绳兮

6. 桃之夭夭，灼灼其华。之子于归，宜其室家

7. 采采芣苢，薄言采之

8. 南有乔木，不可休思。汉有游女，不可求思

9. 鲂鱼赪尾，王室如燬

10. 维鹊有巢，维鸠居之

……①

例二：《一千零一夜》解读

当沙漠中升起巨大的月亮，古老的宫殿中，披着长纱的女子在为暴戾的帝王吟唱一千零一夜的绮丽传说，令心如铁石的帝王也为之心醉，直至与女子白发千古。《一千零一夜》以这个故事为开端，串起了两百多个小故事，大小故事交织，丝丝入扣。这是古阿拉伯口口相传的民间故事集，那引人入胜的奇思妙想，瑰丽神奇的故事情节会带着你跟随主人公去探险，去感受那千百年前的异域古国：无所不能的神灯与魔戒、一夜而成的宫殿、往来于宫中的飞毯、会飞行的乌木马、能隐身的头巾……如此这般，奇幻莫测。②

图8-4《行走南书房》创刊号

例三：《国富论》解读

"藏富于国，不如藏富于民。"在两百年前的英国，"现代经济学之父"亚当·斯密即以《国富论》证明了以上观点。他写道："当社会最大部分的分子穷苦无依，则那个社会断然不能昌盛而安乐。"《国富论》是现代政治经济学的开山之作，被誉为西方经济学的"圣经"。书中认为国家财富来源于劳动，首次提出了市场经济的"无形之手"理论，对当时英国的国家政策及后来的世界经济产生

---

① 王秋生.诗经经典百句[M].合肥：黄山书社，2009：1.

② 深圳图书馆.2014南书房家庭经典阅读书目（30种）[J].行走南书房，2014（1）.

了深远影响。同时，它还是一部将经济学、政治理论、哲学、历史和实践计划奇妙地结合在一起的综合性著作，不同的人读《国富论》会有不同的收获。①

二、语境分析——解说作品时代与社会背景

经典著作是在一定的历史时代和社会形态下产生的，与其产生时所处的历史文化有着紧密联系。语境是名著产生过程中的主客观情景，涉及时间、空间和人物角色等因素，包括现场情景和文化背景等内容，需要结合当时的政治、经济、文化等因素进行分析，对特定背景下的宗教、哲学、制度和习俗等问题进行解析，简单来说指的是名著产生的时代背景或社会背景。进行经典导读时，在文本解读之后，需要将名著置于特定的文化语境进行阐释，以揭示作品的真实内涵。

例一：《诗经》分析

这些远古时代留下来的诗篇，千姿百态，内容非常丰富，如同一幅幅生动的画卷，真实地描绘出两千五百多年前那漫长历史时期各阶层人们的生活状况以及社会面貌。在那个时代，周王朝及各诸侯国的统治者相互攻伐，对民众横征暴敛，民众生活艰辛困苦，《诗经》中很多篇章对这些普通民众的生活做了详细的记录。最典型的要数《豳风·七月》，它生动具体地记述了劳动者一年四季的生活，从春到冬，不停劳作，耕种收割，采桑摘茶，养蚕纺织，砍柴打猎，凿冰酿酒，筑场盖屋，周而复始，没有一刻闲暇。统治者享受着他们的劳动成果，过着优裕的日子，而劳动者却住破屋、吃瓜菜，"无衣无褐"，二者形成鲜明对照。在《魏风·伐檀》中，指斥统治者不耕不稼，不狩不猎，却粮满仓、兽满院。在《魏风·硕鼠》中，把统治者比喻成贪吃的大老鼠，喂肥了自己，却不顾百姓死活，因而百姓发誓要离开他们，到那没有硕鼠的理想国去。②

例二：《荀子》分析

荀子的思想是时代发展的产物，荀子身处的战国末期是我国封建社会发展过程中的一个特殊阶段：地主阶级中的秦国统治集团要用武力统一天下，而山东六国的各统治集团但求维持封建割据，这两大矛盾的力量正激烈斗争着。经

---

① 深圳图书馆.2014南书房家庭经典阅读书目（30种）[J].行走南书房，2014（1）.

② 王秀梅译注.诗经[M].中华书局，2006：3-4.

过长时间的兼并战争，社会形势也在发生深刻的变化，封建社会生产关系基本确立，建立统一的中央集权制国家成为时代的要求。此时，诸子百家的学术思想也在社会发展实践中相互吸收，相互融合。荀子针对时势现状和问题，批判吸收了各家所长，兼取儒、道、墨、法诸家学术精华，成为战国末期一位集大成的思想家。纵观《荀子》全书，凡哲学、伦理、政治、经济、军事、教育、语言、文学，皆有涉猎，论述精辟，足为先秦一大思想成就。①

第四节　意义阐释与风格赏析

一、意义阐释——固化并延伸作品价值内涵

卡尔维诺说："一部经典作品的文本'起到'一部经典作品的作用，即是说它与读者建立一种个人关系"。②高尔基也指出，"读书，这个我们习以为常的平凡过程，实际是人的心灵和上下古今一切民族的伟大智慧相结合的过程"。③阅读经典的过程，不是被动接受的过程，而是主动吸收知识精华和对文本内容融会贯通的过程，是滋养心灵、扩大视野、延展阅历的过程，这正是阅读经典的真正效果。阅读经典的过程，实则是与作者进行跨越时空的精神对话：对于读者来说，阅读是投入情感、感受奥妙、获得心智体验的旅程；对于作者而言，其作品每一次被阅读都是一次重生。日本学者池田大作指出："优秀的书籍给予我们的东西不是单纯的知识，也不是瞬间即逝的激情，而是生存的自信，做人必备的才能和勇气——书籍并不是把外在的东西轻易交给我们，而是促使我们把内存的东西喷涌出来"。④经典名著是开放的作品，其内涵在不同的时代经由不同的读者会获得不断更新的内涵。阅读经典，既要尊重原著本身，又要展开思索，进行别开生面的阐释。在进行导读时，一方面可以结合作者

① 刘建生.荀子精解 [M].北京：海潮出版社，2012：1－2.

② 〔意〕卡尔维诺.为什么要读经典作品？[M].黄灿然译.上海：书城，2001（11）.

③ 读书名言 [EB/OL].[2015-05-10]. http://www.yikexun.cn/item/20255.html.

④ 〔日〕池田大作.我的大学 [M].铭九，潘金生，庞春兰，译.北京：北京大学出版社，1990：243.

当时特定的历史背景，阐述其历史价值和社会价值；另一方面，可结合当代社会，阐述推荐者个人独特的理解，为读者带来全新的震撼和赏心悦目的新感受。

例一：《论语》价值阐释

国学大师南怀瑾指出："孔子学说与《论语》本书的价值，无论在任何时代、任何地区，对它的原文本意，只要不故加曲解，始终具有不可毁的不朽价值，后起之秀，如笃学之、慎思之、明辨之，融会有得而见之于行事之间，必可得到自证。"①

例二：《诗经》名物价值阐释

《诗经》所载录名物之众多、之集中，在中华文化的原典中几乎是绝无仅有的。故此，孔夫子在充分肯定《诗》的"兴""观""群""怨"，"事父""事君"作用的同时，又特别强调了"多识鸟兽草木"的认识作用。②

例三：《诗经》价值阐释

一部《诗经》阅读史未尝不是一卷人间心灵史。大量人读《诗经》，不是为了做学问，只是盼望在多识鸟兽草木之名的过程中，让《诗经》丰富自己的精神世界，增添生活的亮度。如此广阔的阅读群体，文本与生活如此密切的关联，才是《诗经》长盛不衰的根本原因。③

例四：《韩非子》价值阐释

《韩非子》这本书的重要性，在于它是韩非子为了挽救祖国的危亡，顺应时势，总集法家的思想，参酌各家学说而拟就的重要作品。秦始皇曾经阅读了韩非子《孤愤》与《五蠹》，大为叹服，恨不能立刻见见作者本人。韩非子那个时代，贵族分治的崩溃离析局面已渐结束，而时代潮流正往帝国大一统的方向推动。韩非子帝王政治理想的提出直接促进贵族封建制度的瓦解与中央集权制度的建立，把中国历史推向一个崭新的局面。所以，我们可以说：韩非子的思想是我国历史的产物，而韩非子也是改造我国历史的伟大思想家。④

---

① 南怀瑾.论语别裁[M]//南怀瑾选集：第一卷.上海：复旦大学出版社，2003：4.
② 吕华亮.《诗经》名物的文学价值研究[M].合肥：安徽大学出版社，2010：1.
③ 何海燕.清代《诗经》学研究[M].北京：人民出版社，2011：2.
④ 张素贞.国家的秩序：韩非子[M].北京：中国友谊出版公司，2013：24.

例五：《孟子》价值阐释

孟子所说的是：人心有四端，从这四端引发、充扩、实践之后，才有"仁""义""礼""智"这四种确定的"善"的出现。因此，他一再使用"火之始燃，泉之始达"、"水无有不下"等比喻来描写人性，意思是要肯定：人性是一种动态的力量。人只要真诚自觉（思则得之），就会立即发现行善的力量由内而发，要求自己行善。我称此一说法为"人性向善"。把握这一点，才能明白孟子谈修养、谈养气、谈知言、谈政治经济、谈治国平天下的一切理论。确立这一点，人生重心立即由外转向内；人生价值也随着主体而确立，但是并不因而忽略"天"；人生快乐自然不待外求，并且可以清楚地说"反身而诚，乐莫大焉"。①

二、风格赏析——分享字里行间的美学韵味

"美，是这个世界的最终拯救者"②，"诗意（美）是人安居的本真和原始形式"③，除内容富有价值之外，经典作品的文字之美，也是其文化价值的重要体现。经典阅读是一种审美阅读，经典作家运用文字之妙，带给人们美的享受和艺术熏陶，能使人感受到空灵之韵味，回味无穷。"真正的大师笔下的语言，是具有生命灵性的，它有声，有色，有味，有情感，有厚度、力度与质感，是应该细心去体味、沉吟、把玩，并从中感受到一种语言的趣味的"④。因而，通过展示作品中语言文字之精妙，通过风格赏析带动读者走进经典作品的文字世界，也是经典导读的重要内容。

例一：评章太炎

钱穆先生对章太炎先生极为推崇，他这样评述："鄙意论学文字极宜着意修饰，近人论学，专就文辞论，章太炎最有轨辙，言无虚发，绝不枝蔓，但坦然而下，不故意曲折摇曳，除其多用僻字古字外，章氏文体最当效法，可为论学文之正宗。"⑤

① 傅佩荣. 我读《孟子》[M]. 北京：北京理工大学出版社，2011：3.
② 钱中文. 陀斯妥耶夫斯基精选集[M]. 济南：山东文艺出版社，1998：17.
③ 海德格尔. 林中路[M]. 孙周兴，译. 上海：上海译文出版社，1997：344.
④ 钱理群. 中国现当代文学名著导读[M]. 北京：北京大学出版社，2004.
⑤ 余英时. 钱穆与中国文化[M]. 上海：上海远东出版社，1994：230.

例二：《巴黎圣母院》赏析

雨果作为浪漫主义的代表和创始人，作品的情节荒诞离奇、手法夸张浪漫，诸多细节违反生活逻辑；过于偶然巧合；但又不觉突兀，这是因为作品中有感情的真实、思想的真实。作者在离奇的故事情节和奇特的人物形象中，抒发了爱憎分明的思想感情，表达了对理想的追求。正如作者在阐明小说写作意图时所说的："这部小说没有任何写成历史著作的意图，只不过想运用科学和良心，而且仅仅通过鸟瞰和投射的方法，描绘15世纪的风俗、信仰、法律、艺术，最后是文明的状况。"很多学术期刊撰文认为《巴黎圣母院》的主题是"反封建"，不可否认，作品确实具有强烈的反权威性，对封建教会、封建专制国家机器持不信任和批判的态度。在《巴黎圣母院》序言中提到该书创作成因——墙上刻画的字母"命运"，书中所有人物都处在相互渗透的某种神秘关系中，有一只手在无形中操控着一切……[1]

例三：评丰子恺

读丰子恺先生的文字，仿佛隐约看到一双迷蒙泪眼在静观土地上的凶杀和悲欢，却怀悲悯，持无执，抱宽仁，以劝世的风格娓娓道来，让你感到在沉重的叙事之间有一颗炽热的心在跳动，但温煦而非火烈，那般沉重却超逸，伤世而不厌生。他的多幅护生画就体现了这种风格，很简单的寥寥几笔，一勾一画将意境淡淡托出，心意尽在其中。抚读怆然，悲悯却不悲观，为人为己辛酸而心生自重并爱人的念想。作者由伤生而悲悯，读者或许也因此伤世而用世，任事以任道。[2]

例四：《韩非子》赏析

《韩非子》是先秦法家集大成的作品，是我国政治学方面的重要典籍。它是作者顺应时势，参酌各家学说而拟就的治国理论。不仅洞明时世症结，道破人性弱点，用思深刻，析理透彻；文章也是充实华美，气势雄伟，条贯酣畅，结构完密。它的排比对偶，已具备后人骈俪唯美文学的雏形；它的寓言托意，也往往成为后代成语典故的出处。因此，《韩非子》固然是我国政治学的不朽巨构，

① 温宏伟.高中语文外国文学名著导读教学策略探究[D].海南师范大学，2014：36 - 37.
② 许章润.经典：文本及其解读：关于阅读法学经典的五重进境[J].华东政法学院学报，2006（1）：127 - 143.

也是文学史上数一数二的哲理范文。①

第五节 版本推荐与阅读指导

一、版本推荐与延伸阅读指引

叔本华在《作为意志和表象的世界》中说："只有从那些哲学思想的首创人那里，人们才能接受哲学思想。因此，谁要是向往哲学，就得亲自到原著那肃穆的圣地去找永垂不朽的大师。"②经典导读的一项重要内容是向读者推荐经典的版本，指引读者从原著中获取精妙描绘和思想光芒，透过原著的经典版本获得最为鲜活的阅读体验，使读者能够从真正的文化记忆中获得真正的文化思考和艺术享受。经典的价值体现在其原创性和不可替代性，因而应尽量阅读原典。③开展经典导读过程中，在版本推荐方面，可参照历代名家的推荐书目，从中获得指引，比如胡适、梁启超、王国维、朱自清、张舜徽、钱穆等名家的推荐，也可参照不同专业领域专家学者们的意见，少走弯路。

当然，对于不同的读者群体，是需要区别对待的，以使其能够获得较好的阅读效果。可根据不同对象推荐不同版本，同时可提供一些辅助性的配套读物信息，方便读者查阅，另外也可推荐一些具有较强相关性或延伸性的阅读指引。

例一：《诗经》版本推荐

《诗经》——希望学者能全部熟读成诵，即不尔，亦须一大部分能其词。注释书，陈奂《诗毛氏传疏》最善。④

例二：《论语》版本推荐

如何让《论语》中的思想得以广泛传播，首要解决的问题是对《论语》进行翻译与阐释，只有简要明了，而且通俗易懂，才能达到效果。纵观几千年来

---

① 张素贞. 国家的秩序：韩非子 [M]. 北京：中国友谊出版公司，2013：31.

② 哲学书籍推荐 [EB/OL].[2015-05-10].http://www.docin.com/p-289183988.html.

③ 张筠. 经典阅读现状的应对路径：回归原典 [M]. 图书情报工作，2013（13）：44-48.

④ 梁启超. 国学入门书要目及其读法 [EB/OL]. [2015-05-10].http：//www.guoxue.com/？p=1739.

对《论语》的注疏、解读累代不绝，很多都非常繁复或个人色彩突出。如何晏《集解》，网罗汉儒旧义；皇侃《义疏》，广辑自魏迄梁诸家。两书相配，可谓《论语》古注之渊薮。朱熹《论语章句集注》，宋理学家言，大体具是。刘宝楠的《论语正义》，为清代考据家言结集。程树德的《论语集释》，注重思想、哲学之研究。杨树达的《论语疏证》，为治经者辟一新途径，陈寅恪先生称其为治《论语》者从来之所未有者。当今之学者对《论语》也进行了注解与阐释，各有侧重，如杨伯峻的《论语译注》注重字音词义、语法规律、修辞规律及名物制度、风俗习惯等的考证；钱穆的《论语新解》注重文句梳理，简洁明了；南怀瑾的《论语别裁》别具一格，妙趣横生；于丹的《〈论语〉心得》注重个人感受，明白晓畅；不胜枚举。[①]

二、阅读方法的指导

在经典导读中，除了上述主要内容外，可以另外提供相关的阅读建议给读者。

（一）阅读方法建议

比如，对于阅读经典的办法，可建议先泛读一遍，再继续精读。对于倾心的著作可反复研读，并配以诵读，务求熟记于心，可不求全背下，但对于精彩的句子、片段可摘抄下来用于日后温习。根据所导读的名著，可向读者推荐一些阅读方法，[②]如朱熹提出的读书有三到——心到、眼到、口到；郑板桥认为读书重在求意，"十分学七要抛三，各自灵苗各自探"；邹韬奋的"宝塔式读书法"——通过多次浏览选出精读的内容后反复阅读；以及陶渊明的"不求甚解"读书法、鲁迅的"跳读法"、秦牧的"牛嚼"式精读和"鲸吞"式泛读、余秋雨的"畏友"读书法，等等。

（二）工具书方面的建议

根据情况，指导读者利用汉语词典、外语词典以及辞源、辞海等工具书或查阅相关参考资料。

---

① 熊泽文.《论语》导读 [M].北京：北京师范大学出版社，2012：1.
② 梁素丽.初中"名著导读"教学的现状与对策 [D].华中师范大学，2010.

（三）多媒体导读建议

配合经典影片或有声读物开展多媒体经典导读，为导读对象提供多媒体素材方面的指引和建议，此举亦可短时间内拉近读者与经典的距离，使阅读经典的障碍变小。

图8-5《庄子》

例：《老子》

道家最精要之书，希望学者将此区区五千言熟读成诵。注释书未有极当意者，专读白文自行寻索为妙。

《庄子》

内篇七篇及杂篇中之《天下篇》最当精读。注释有郭庆藩之《庄子集释》差可。

《荀子》

《解蔽》《正名》《天论》《正论》《性恶》《礼论》《乐论》诸篇最当精读，余亦须全部游览。注释书王先谦《荀子注》甚善。

《吕氏春秋》

此为中国最古之类书，先秦学说存其中者颇多，宜游览。

《淮南子》

此为秦汉间道家言荟萃之书，宜稍精读。注释书闻有刘文典《淮南鸿烈集解》颇好。①

培根认为，"在人类的一切消遣活动中，阅读无疑是最高尚的"，阅读经典作品，能提高生命的文化意蕴和生活闲暇的品质，从而深刻地影响一个人的修养和境界。芝加哥大学教授艾伦·布鲁姆在著作中写道："在人们重温柏拉图和莎士比亚的著作时，他们将比其他任何时候都生活得更加充实、更加美满，因为阅读经典将使人置身于无限蕴藏的本质之中。"②经典一般有较为深厚的内涵，由于普通大众浅层次阅读较多，一时无法读懂或不能较好感受经典的意义时，

---

① 梁启超.国学入门书要目及其读法[EB/OL].[2015－05－10].http：//www.guoxue.com/？p=1739.
② 曹明海，张秀清.语文教育文化过程研究[M].济南：山东人民出版社，2005：96.

多半会停止阅读，因而，经典导读应尽量以浅显的语言和生动的例子，将经典片段展现在读者眼前。导读者必须做到厚积薄发，深入浅出。经典经过千万人传诵，历经时光淘洗，具有永恒的价值，只是经典之美非经深度的阅读体验无法感知；经典导读的使命就在于点滴呈现经典之美，为读者开启步入经典作品世界的大门。

参考文献

[1] 王余光. 百年来学人回答：为什么要读经典 [J]. 图书馆杂志，2014（4）：23-26.

[2] 史岩. 经典阅读教学研究 [D]. 山东师范大学，2004.

[3] 温宏伟. 高中语文外国文学名著导读教学策略探究 [D]. 海南师范大学，2014.

[4] 许章润. 经典：文本及其解读：关于阅读法学经典的五重进境 [J]. 华东政法学院学报，2006（1）：127-143.

[5] 茅丽华. 初中生名著现代导读的研究与实践 [D]. 华东师范大学，2006.

[6] 梁启超. 国学指导二种 [M]. 北京：中华书局，1936.

[7] 朱自清. 经典常谈 [M]. 上海：上海文艺出版社，1999.

[8] 〔美〕罗伯特·M. 赫钦斯. 美国高等教育 [M]. 汪利兵，译. 杭州：浙江教育出版社，2001.

[9] 〔瑞士〕赫尔曼·黑塞. 获得教养的途径 [M]// 赫尔曼·黑塞. 黑塞说书. 杨武能，译. 读书，1990（3），1991（4）.

[10] 余英时. 钱穆与中国文化 [M]. 上海：上海远东出版社，1994.

思考题

1. 经典导读的意义是什么？经典导读有何用途？

2. 经典导读需要遵循什么原则？

3. 经典导读包含哪些内容？

附 文

孔门之问——《论语》导读

张三夕

（原载：《行走南书房》2014 年第二期）

《论语》是什么样的经典？

《论语》是一部记录孔子及其弟子言行的语录体著作，是儒家最重要的元典，收入在《十三经》和《四书五经》中。《论语》共 20 篇，每篇都以第一句话开头两个字作篇名，如《学而》取自第一句"学而时习之，不亦说乎"，篇名与文章内容没有内在联系。其书名最初见于《礼记·坊记》，其来由可追述到《汉书·艺文志》。宋人赵普有"半部《论语》治天下"之言。今人李泽厚认为它"是中国文化的某种'心魂'所在"，是"半宗教半哲学"。

《论语》在汉代有三种版本：《鲁论语》20 篇、《齐论语》22 篇、《古文论语》21 篇。西汉末年安昌侯张禹以《鲁论语》篇目为根据编成《张侯论语》，仅有这一版本流传至今并成为通行本。而《论语》的注释本也非常多，据日本学者林泰辅《论语年谱》著录，关于《论语》的著作有三千多种。加上近年所出，可说有四千种。我推荐几本可认真读的：

（1）〔三国魏〕何晏注、〔宋〕邢昺疏《论语注疏》，收录在阮元校刻的《十三经注疏》。《四库全书》称"其书于章句训诂名物之际详矣"。

（2）〔宋〕朱熹《论语集注》，收入《四书章句集注》。《四库全书》称"朱子《集注》出，义理更为精深，亦实始基于此（指基于《论语注疏》）"。

（3）〔清〕刘宝楠《论语正义》，收入《清人注疏十三经》。

（4）〔民国〕程树德《论语集释》，程俊英、蒋见元点校。

（5）杨树达《论语疏证》，此书把三国以前引用《论语》的文献全部收集到一起，从历史文献的角度而言非常有价值。

（6）杨伯峻《论语译注》，也是此次深圳图书馆推荐的"2014南书房家庭经典阅读书目（30种）"之一。

（7）钱穆《论语新解》。

（8）李泽厚《论语今读》，版本众多。

（9）南怀瑾《论语别裁》，后经多次再版，全书约70万字，较通俗。

（10）《孔子家语通解》和《论语诠解》，均为杨朝明编。《孔子家语》今本为〔三国魏〕王肃注，前人疑王肃伪作。此书详细记录了孔子与其弟子门生的问对诘答和言谈行事，其内容与1973年河北定县出土的竹简《儒家者言》相近，因而不能简单地称其为伪书。最近，此书因习近平总书记的"点评"而"走红"读书界。

李泽厚《论语今读》中说："儒学（当然首先是孔子和《论语》一书）在塑建、构造汉民族文化心理结构的历史过程中，大概起了无可替代、首屈一指的严重作用。"南怀瑾则比喻说，儒家的孔子思想是粮店，是天天要吃的。我认为《论语》实乃我国讲人生智慧最重要的书。

《论语》读法：从问题入手

真正的经典对于解读是开放性的，其解读方法可因人因时而异，我总结了几种读国学经典的方法。（1）精读"元典"。即在每个文明的"青年"时期形成的经典，比如说《论语》、《老子》、《圣经》、古希腊作品等。（2）博而能一。（3）"八面受敌"法。（4）解构主义读法，即找有兴趣的部分读，只要只言片语，不要体系。（5）好读书，不求甚解。（6）通过书目提要，有计划地读书。

读《论语》，我主张从问题入手。《论语》一书记载孔门讲学的特点之一就是问学，是师生之间不断通过提问和回答问题来阐释儒家的一些重要思想。孔子讲述其思想的核心概念（如"仁""孝"等），在不同的场合往往有不同的含义，必须反复阅读才能明了其丰富内涵。如《先进（11·22）》中：子路问："闻斯行诸？"子曰："有父兄在，如之何其闻斯行之？"冉有问："闻斯行诸？"子曰："闻斯行之。"公西华曰："由也问闻斯行诸，子曰'有父兄在'；求也问闻斯行诸，子曰'问斯行之'。赤也惑，敢问。"子曰："求也退，故进之；由也兼人，故退之。"即子路问："听到了就该去做吗？"孔子回答："有父兄在，如何能一听到就马上去做呢？"另一个学生冉有也问同样的问题，孔子回答"听到了就去做"。第三个学生公西华疑惑了，问孔子为何这样回答，孔子答"冉有的性格比较谦让，所以我要鼓励他，但是子路的性格太勇猛了，所以要劝阻他。"这种思维方式、问答逻辑正是因材施教、因人而异。

《论语》中的问题按其发言表达的模式有两种类型：一是独白，没有旁人和上下文，直接冠以"子曰"；二是对话，其中最重要的是问答。李泽厚《论语今读》中专门讲到《论语》里问答的理解：

"问孝"、"问仁"等，有译作"问什么是孝"、"问什么是仁"等。孔子回答总是如何去做（行为），才是"孝"、"仁"。因此译作"如何是孝"、"如何是仁"更准确。中国从来少有"什么是"即少有Being和Idea的问题，而总是"how"（如何），这正是中国实用理性的一大特征，它的视角、途径、问题、语言、思维方式颇不同于希腊。在这一意义上，中国哲学传统倒是非本质主义，是反形而上学的，重视的是存在的多元状态和功能……

孔子是一位不懂就问、喜欢提问的思想家。《八佾（3·15）》中记载：子入太庙，每事问。或曰："孰谓鄹人之子知礼乎？入太庙，每事问。"子闻之，曰："是礼也。"即孔子说不懂就问是一种礼。

《论语》所涉及的问题非常广泛：

（1）问孝（4条）。如《为政（2·6）》：孟武伯问孝。子曰："父母唯其疾之忧。"即父母只是担心子女有没有生病。

（2）问政（9条）。其首次出现是《颜渊（12·7）》：子贡问政。子曰："足食，足兵，民信之矣。"子贡曰："必不得已而去，于斯三者何先？"曰："去兵。"子贡曰："必不得已而去，于斯二者何先？"曰："去食。自古皆有死，民无信不立。"即孔子认为在政治上，军事、粮食和信用这三者相比，信最重要。政治的核心是信。

（3）问知（2条）。如《颜渊（12·22）》：樊迟问仁。子曰："爱人。"问知。子曰："知人。"樊迟未达。子曰："举直错诸枉，能使枉者直。"即孔子认为能够对人有了解就有智慧，进一步而言是用正直的东西纠正错误的东西，使错误的东西变成正直的东西。

（4）问明（1条）。见《颜渊（12·6）》：子张问明。子曰："浸润之谮，肤受之愬，不行焉，可谓明也已矣。浸润之谮，肤受之愬，不行焉，可谓远也已矣。"即子张问如何为"明白"，孔子的回答是循序渐进的。

（5）问君子（3条）。如《为政（2·13）》：子贡问君子。子曰："先行其言而后从之。"儒家的教育目标是培养君子。《论语》里大量谈论君子，将君子与小人对举。

（6）问仁（7条）。后详。

（7）问友（1条）。见《颜渊（12·23）》：子贡问友。子曰："忠告而善道之，不可则止，毋自辱焉。"孔子答："朋友如果有问题或缺点出现，你要用非常友善的方法忠告，如果他不听从，也就罢了，不要再自找侮辱。"

（8）问崇德辨惑（1条），即问怎样提高品德，辨别迷惑，见《颜渊（12·10）》：子张问崇德辨惑。子曰："主忠信，徙义，崇德也。爱之欲其生，恶之欲其死。既欲其生，又欲其死，是惑也。'诚不以富，亦祗以异'。"

（9）问事鬼神。见《先进（11·12）》：季路问事鬼神。子曰："未能事人，焉能事鬼？"曰："敢问死。"曰："未知生，焉知死？"即孔子答"活人都没有侍奉好还侍奉鬼神吗？""生的问题都没弄明白，怎么能懂得死？"

（10）问士。《子路（13·20）》：子贡问曰："何如斯可谓之士矣？"子曰："行已有耻。使于四方，不辱君命，可谓士矣。"曰："敢问其次。"曰："宗族称孝焉，乡党称弟焉。"曰："敢问其次。"曰："言必信，行必果，硁硁然，小人哉！抑亦可以为次矣。"即子贡问"怎样才可以叫作知识分子？"孔子回答："一个人的行为要保持羞耻感，你即使作为外交官出使国外也不负国君使命。其次在家族、村里有孝道，再次要做到言必信，行必果。"又有《子路（13·28）》：子路问士，子曰："切切偲偲，怡怡如也，可谓士矣。朋友切切偲偲，兄弟怡怡。"即孔子把"朋友之间相互切磋、互相督促以及兄弟之间和睦愉快相处"视为知识分子的要求。对此李泽厚解释说："'士'如何表现在日常生活伦理关系之中？为何只提兄弟、朋友二伦？可能因为其他三伦（君臣、父子、夫妇）为所有人所应遵守，而'兄弟''朋友'二伦中，个体独立性和自主性较强，可能才更显示'士'之不同于常人所在。"而用这两条来衡量今天的知识分子，仍然有很多人做不到。再有《颜渊（12·20）》：子张问："士何如斯可谓之达矣？"子曰："何哉，尔所谓达者？"子张对曰："在邦必闻，在家必闻。"子曰："是闻也，非达也。夫达也者，质直而好义，察言而观色，虑以下人。在邦必达，在家必达。夫闻也者，色取仁而行违，居之不疑。在邦必闻，在家必闻。"即问知识分子如何才可以做到"达"。子张答说"在一个国家、一个家里很有名气"。孔子认为这不能叫达，而是闻。闻只是出名，但知识分子要做到察言观色才是达。

再来看《论语》中的问答方式，其形式也是多样的：（1）弟子之间的问答；（2）弟子问，老师答；（3）老师问，弟子答；（4）其他多重关系的问答。以上十余个问题，很多都是弟子问、老师回答，还有老师提问、弟子回答等，我们可以从中看到其师生关系。其他问答中还包含有：①国君问孔子；②卿大夫问孔子；③日常生活间的问答、问候等。

孔门问仁

在《论语》诸多问题中，我详举"问仁"。"仁"是孔子思想的核心概念，在不同的场合有不同的意思。大体上说，"仁"既是指一种形而上的精神境界，又指一种形而下的伦理道德修养，即讲如何做人。孔子说"仁者爱人"，仁和人有密切的关系。这与老子的思想有很大不同，老子最重要的概念是"道"，同时它也是一种形而下的伦理道德修养，《老子》第五章指出："天地不仁，以万物为刍狗；圣人不仁，以百姓为刍狗。"所谓"刍狗"即祭祀中用草扎成的狗，用后即弃。公然指责天地、圣人不仁。

很多学者统计过《论语》里讲"仁"的次数并讨论其含义。黄仁宇《万历十五年》中说："《论语》一书中，仁字凡六十六见，但从来没有两处的解释相同。一般来说，仁与慈爱、温和、恻隐、以天下为己任等观念相通。"侯外庐等著《中国思想通史》称"《论语》言仁之处五十有八章，'仁'字一百有五见"，并指出孔子"仁"的观念是一个矛盾的体系："在一般的道德律方面'仁'是国民的属性；而在具体制度方面'仁'又是'君子'的属性。"黄、侯的统计其实都不确切。据李波等主编《十三经索引》统计，《论语》一书中"仁"字共一百零九见。

《论语》中"问仁"有7条，我主要讲解其中4条。

（1）《雍也（6·22）》：樊迟问知。子曰："务民之义，敬鬼神而远之，可谓知矣。"问仁。曰："仁者，先难而后获，可谓仁矣。"即孔子说先要通过各种各样的劳作然后获得收获，这就是仁。

（2）《颜渊（12·1）》：颜渊问仁。子曰："克己复礼为仁，一日克己复礼，天下归仁焉。为仁由己，而由人乎哉？"颜渊曰："请问其目。"子曰："非礼勿视，非礼勿听，非礼勿言，非礼勿动。"即孔子说仁是克己复礼，如果有一天可以做到克己复礼，天下都能达到理想的道德境界。且这个仁是由自己决定。李泽厚在《论语今读》中对此进行了解释：

这又是《论语》中最重要的篇章之一。……整个问题的关键在于，"克己"（有关行为）为什么是"仁"（有关心理）？……"仁"不是自然人欲，也不是克制或消灭这"人欲"的"天理"，而是约束自己（克己），使一切视听言动都符合礼制（复礼），从而产生人性情感（仁）。具体"约束"可以随时代社会环境而变化、增删、损益，但人性需经人文的培育，却普遍而必然……对成人来说，是"为仁由己"，由自己决定、主宰、生发出这约束自己的"四勿"（即道德自律），而通向和达到一种"归仁"的超道德的人生境界（对个人说）和社会境界（就群体说）。

"克己复礼"与儒家培养君子、崇拜圣贤的思想是一致的。《孟子》中说"人皆可以为尧舜"，尧舜就是圣贤的榜样。曾国藩有一联自修自惕的箴言，联云："不为圣贤，便为禽兽。"而以孔孟为主导的儒学要解决的问题就是把人与禽兽区别开来。

（3）《颜渊（12·2）》：仲弓问仁。子曰："出门如见大宾，使民如承大祭。己所不欲，勿施于人。在邦无怨，在家无怨。"意指做事要有一种崇敬的心态，在生活中不抱怨。还可参看《卫灵公（15·24）》中：子贡问曰："有一言而可以终身行之者乎？"子曰："其恕乎！己所不欲，勿施于人。"《公冶长（5·12）》中，子贡曰："我不欲人之加诸我也，吾亦欲无加诸人。"子曰："赐也，非尔所及也。"

孔子曾经说"吾道一以贯之"，杨伯峻对其解释为，孔子整个思想体系的核心，用两个字概括是"忠""恕"，一个字概括是"仁"。"忠""恕"进一步解释就是宽恕。而这样一种精神境界，在今天也是非常值得学习和修炼的。

（4）《颜渊（12·3）》：司马牛问仁。子曰："仁者，其言也讱。"孔子的回答是有针对性的。"讱"的原意是说话缓慢。司马牛是一个"多言而躁"的学生，对于这样的学生，先不谈"克己复礼"，而是说要把话说得慢一点、谨慎一点。

不论是以上4条，还是总共7条"问仁"中，孔子对于"仁"的解释都不同。

除这些针对具体学生的回答外，孔子也经常正面阐释"仁"的道理。如《雍也（6·30）》：夫仁者，己欲立而立人，己欲达而达人。能近取譬，可谓仁之方也已。后来儒家"先天下之忧而忧，后天下之乐而乐"的思想便可从此找到渊源。再如《卫灵公（15·9）》：子曰："志士仁人，无求生以害仁，有杀身以成仁。"后孟子发展了孔子"杀身成仁"的思想，说"富贵不能淫，贫贱不能移，威武不能屈，此之谓大丈夫"。

关于"仁者"，《微子（18·1）》中提到历史上的仁者无好报：微子去之，箕子为之奴，比干谏而死。但"仁者"还有另外一面，即"仁者寿"，出自《雍也（6·23）》：智者乐水，仁者乐山。智者动，仁者静。智者乐，仁者寿。对于今日的每个个体，"仁"不单是"治国平天下"，修身、治家、养性同样需要"仁"。而就"修身"层面，"仁者寿"可作为座右铭，它是最好的养生之道，长寿之道。

延伸阅读

卡尔维诺对经典作品的十四个定义

伊塔洛·卡尔维诺，在其《为什么读经典》一书中，对经典作品给出十四个定义[①]：

第一条，经典是那些你经常听人家说"我正在重读……"而不是"我正在读……"的书。

第二条，经典作品是这样一些书：它们对读过并喜爱它们的人构成一种宝贵的经验；但是对那些保留这个机会，等到享受它们的最佳状态来临时才阅读它们的人，它们也仍然是一种丰富的经验。

第三条，经典作品是一些产生某种特殊影响的书，它们要么本身以难以忘记的方式给我们的想象力打下印记，要么乔装成个人或集体的无意识隐藏在深层记忆中。

第四条，一部经典作品是一本每次重读都像初读那样带来发现的书。

第五条，一部经典作品是一本即使我们初读也好像是在重温的书。

第六条，一部经典作品是一本永不会耗尽它要像读者说的一切东西的书。

第七条，经典作品是这样一些书，它们带着先前解释的气息走向我们，背后拖着它们经过文化或者多种文化（或只是多种语言和风俗）时留下的足迹。

第八条，一部经典作品是这样一部作品，它不断在它周围制造批评话语的尘云，却也总是把那些微粒抖掉。

第九条，经典作品是这样一些书，我们越是道听途说，以为我们懂了，当我们实际读它们，我们就越是觉得它们独特、意想不到和新颖。

第十条，一部经典作品是这样一个名称，它用于形容任何一本表现整个宇

---

① 〔意〕卡尔维诺.为什么读经典.黄灿然，李桂蜜，译.南京：译林出版社，2006：1-9.

宙的书，一本与古代护身符不相上下的书。

第十一条，"你的"经典作品是这样一本书，它使你不能对它保持不闻不问，它帮助你在与它的关系中甚至反对它的过程中确立你自己。

第十二条，一部经典作品是一部早于其他经典作品的作品；但是那些先读过其他经典作品的人，一下子就认出它在众多经典作品的系谱中的位置。

第十三条，一部经典作品是这样一部作品，它把限制的噪音调成一种背景轻音，而这种背景轻音对经典作品的存在是不可或缺的。

第十四条，一部经典作品是这样一部作品，哪怕与它格格不入的现状占统治地位，它也坚持至少成为一种背景噪音。

阅读推广相关协会

一、国际阅读协会

国际阅读协会（International Reading Association，简称 IRA），创始于 1956 年，总部设于美国特拉华州，是一个全球性的专业非营利阅读组织。以倡导和鼓励"终身阅读"的人文理念为己任，旨在通过研究阅读问题，关注阅读过程，研讨阅读教学方法，以提升阅读质量。由阅读专家、心理学家、媒体专家、行政人员、研究人员、图书馆员及师生、家长组成的世界性专业团体，拥有 1250 个分会。逾 9 万余名会员，分布在百余个国家和地区。

其工作目标主要有：（1）专业成长（Professional Development）：提升世界各地从事阅读教育工作者的专业学识水平；（2）推广（Advocacy）：借助阅读问题的对策研究和实践经验，来改善阅读教学现状，维护学习者从事阅读的专业权益；（3）建立伙伴关系（Partnerships）：推动建立国际间相关组织如政府、非政府组织、企业、社区之间的合作关系；（4）研究（Research）：鼓励各层级的阅读及语言领域研究，以提供给决策者及普通民众做决策依据；（5）推广全球阅读（Global Literacy Development）：通过寻求、培训和供给阅读领域的领军人物，以在世界各地开展阅读推广活动。编有一份双月刊会讯 *Reading Today*，主要报道阅读界最新资讯、有关出版物及各国各地有关会议信息。每年定期举办年会，每两年举行一次世界大会，并有区域性年会。

二、香港阅读学会

香港阅读学会创立于 1980 年，是国际阅读协会的分会，为在香港对阅读有兴趣和关注推广阅读的人士而设的非营利专业团体。该会会员包括教师、家长、校长、图书馆员、大专学生和出版业人士。香港阅读学会举办的活动主要有：①通过阅读学会网页与会员及公众沟通；②参与阅读刊物的出版工作；③进行有关阅读的学术研究；④为教育工作者及决策者举办本港及国际研讨会和工作坊；⑤传播海外阅读研讨会的讯息；⑥举办公开讲座、短期训练课程和阅读运动；⑦与推广阅读活动的学校合作，给学生颁发香港阅读学会嘉许状。

香港阅读学会的目标为：①鼓励进行有关各教育阶段遇到的中英文阅读问题的分析；②推广与阅读有关的学术研究；③研究影响阅读的种种因素；④出版有关提高阅读能力的研究报告；⑤协助提高师资训练素质；⑥提供阅读信息转介服务；⑦传播解决阅读困难的知识；⑧主办阅读研讨会；⑨促进教育工作者的合作和了解。[①]

三、台湾阅读协会

台湾阅读协会，于 2000 年 4 月 29 日举行成立大会。多年来，台湾民间团体带动了读书会的蓬勃发展，积累了推广阅读运动的众多成功经验。其宗旨是"结合有关阅读之学术研究与实务推展的成果与经验，通过知识传递、意见交流、推广活动及国际交流等方式，倡导阅读之重要性，以全面提升阅读风气，并增进民众阅读素养"。

台湾阅读协会的任务包括：①宣扬阅读价值，提升全民阅读素养；②推动阅读研究，举办相关学术研讨活动；③倡导阅读资源之整合与共享，改善整体阅读环境；④协助策划阅读师资之培育，训练阅读推广人才；⑤举办与阅读有关的推广、交流、出版等活动；⑥推行有效的阅读方法，寻求并推广解决阅读

---

① 徐雁，陈亮. 全民阅读参考读本. 深圳：海天出版社，2011：64.

困难之途径；⑦其他有关阅读之推展事项。①

海外华人的乡邦经典阅读

对于海外华人来说，乡邦既是其祖籍所在的乡邦，也是乡邦所在的祖国。海外华人对故国故乡怀有深厚的思想感情，在海外居住地仍不忘传承和弘扬中华乡邦文化，坚持华文教育和中国传统经典阅读。通过华文教育和中国传统经典阅读，中国文化得以在海外传承，华人的思乡之情得以纾解。

案例：马来西亚华人的中国传统文学经典阅读

马来西亚华人是马来西亚的第二族群，他们至今保留着源自古代中国的传统文化，马来西亚著名华人研究专家郑良树教授认为：马华文化在中华文化圈中属于"中华次文化"，并且在诸次文化中，属于数级最高的一种。而马华文化的形成正是通过不断地学习和阅读中国传统文学经典实现的。

马来西亚华人阅读的文学经典沿袭中国传统文史哲不分家的传统，主要包含儒家文集、经典文选、古典小说、童蒙读物等四大类。儒家文集在马来西亚是作为文学的读本被流传与推广的。这类书中《论语》《孟子》《大学》《中庸》和《易经》被传播得最多，在马来西亚的影响也最大。尤其自1997年开始，马来西亚由崇德文教中心推广的"儿童经典教育研习班"以及"小状元会考"，在推广儒家文集的研读方面投入非常大的人力，鼓励文化深耕，并于2001年开始在马来西亚全国各地，与国家青年及体育部、马来西亚华人文化协会、华社研究中心等团体合作，致力于推动一年一度的"崇德大状元会考：读经评鉴会"。除了这些儒家文集为主的读经活动之外，马来西亚的华文教育课程也把这几部经典的名句摘录在课本里，作为考试范围之一，其中主要有马来西亚教育部设置并规定的从中学预备班一直到中五的华文课

---

① 徐雁，陈亮. 全民阅读参考读本. 深圳：海天出版社，2011：64.

程"名句精华"。所谓"经典文选",是指在人们的心目中占有突出地位的篇目,以及历代广泛流传的诗文、格言、警句等,其文选范围主要涵盖富有教育意义、伦理道德意义和人生积极作用的句子和文章。马来西亚许多华裔家庭让小孩从小就学习以及背诵《唐诗三百首》《弟子规》《三字经》《千字文》等。此外还有一些民间团体也举办各类唐诗背诵比赛与活动,鼓励家长们把这些古人留下来的经典诗词融入到生活中,借此对身心以及做人方面形成潜移默化的伦理影响。对于中国古典小说的推广与流传,在马来西亚主要是以"中国四大名著"为主。《三字经》与《弟子规》是马来西亚最普遍的儿童启蒙修身读物。

在马来西亚,中国传统文学经典的传播媒介可以被归纳为三个方面。第一是华文学校教育与课程设置。马来西亚的华人教育从幼儿园、小学、中学到大专院校都很重视儒家文集的教育。他们一方面以学习汉语为己任和主要目的,另外就是借助阅读这些儒家文集来学习中国传统文化以及处事待人的方法、修身养性的道理。越来越多的马来西亚华人小孩从幼儿园开始就被学校规定要背诵道德经典如《弟子规》《三字经》《论语》等。第二是华人社团与报业。华人社团从最初的庙宇、宗祠、联谊会、同乡会发展到工商各同业组织,而后又有文教团体。第三则是一些华人宗祠与宗教团体。马来西亚华人继承中国传统文化观念,对家庭伦理非常重视。早期南来的中国移民为了凝聚同乡之间的力量和宗亲意识,纷纷成立各种姓氏的宗亲团以及祠堂。到目前为止马来西亚全国各地依然保留着这些祠堂,华人各姓氏的后代还可以从这些祠堂里追根溯源找到族谱和家谱,这些东西可谓是中国海外的珍贵产物。此外,各籍贯的华人都会有属于自己籍贯的同乡会馆,这些同乡会馆除了作为一个籍贯的凝聚力象征,同时也保留了这个籍贯的文化传统,在马来亚尚未独立之初,以及马来西亚华文教育还没有完善发展之前,这些宗祠经常扮演中国古时候的私塾角色,在那里提供儒家文集的授课和研讨活动,后来这些宗祠甚至成为一些地方最早的华文书院,在今天的华文教育历史发展中扮演重要的角色。一些社团如华人文化协会、华社资料中心、孔学研究会、朱熹学术研究会、孝恩园儒学研究所等,不时举办各种有关中国文化和儒学经典的国际研讨会。①

---

① 林宛莹.传统的再生:中国文学经典在马来西亚的伦理接受[D].华中师范大学博士论文,2014.

深圳图书馆"南书房"经典阅读推广活动

一、"南书房"服务区

深圳图书馆"南书房"服务区于 2013 年 11 月正式对外开放。服务区位于深图一楼东侧，占地 350 平方米，配置 6000 余册中外经典图书，"扬经典阅读之风，弘优秀文化之善"，集阅读、活动与展示功能于一体，是深圳图书馆近年来打造的城市经典阅读空间，是深圳这座"全球全民阅读典范城市"的"大书房"。

图 1　南书房经典阅读——王余光教授主讲《周易》的世界"

"南书房"实行无人值守、全自助阅览及读者自由参与各项阅读活动。读者凭深圳市"图书馆之城"读者证刷卡进入，全年每日早 7 点至晚 11 点超长时间开放。走进南书房，中国风橘色灯座和朱砂色墙壁映衬出古典严肃的氛围，流线型白色书架与室内点缀的绿色植物又营造了清新的时尚感。与一排排书架、桌子构成的普通阅览室不同，"南书房"更像是家庭书房，让读者与书籍、与知识近距离接触，并通过读者的自觉行为共同营造一处和谐、优雅、井然的阅读空间，是繁华都市中市民放松精神、沉淀心灵、进行慢阅读，转换快节奏、进行慢生活的理想场所。

"耕读传家久，诗书继世长。""南书房"倡导人文阅读，汇聚了诸多人文类的图书典籍，包括《钦定四库全书荟要》《丛书集成初编》"国家图书馆文津图书奖"获奖图书、茅盾文

图 2 张三夕教授主讲"孔门之问——《论语》导读"

学奖获奖图书等优秀图书，推崇经典阅读、纸质阅读和深阅读，通过传递经典，激发人性的真善美，使读者在资讯泛滥的时代中从碎片化阅读回归深刻阅读，重温书香，重拾经典，展现思想与文化的魅力。

"南书房"不仅提供古今经典中外文图书阅览，而且定期策划并开展丰富多彩的阅读活动，实现有限空间的高效利用，引导经典阅读，弘扬优秀传统文化。"南书房"启动以来至 2014 年底，共举办各类阅读推广活动 332 场。"南书房"通过实行"图书馆＋"的运作方式，联合社会力量推动经典诵读、学术沙龙、公益讲座等系列精品活动的举办，在公共机构、社会团体、市民大众间架接起了桥梁、纽带，打造了公共文化服务的社会参与集约化合作模式，并逐渐形成"'南书房家庭经典阅读书目'系列活动"和"'深圳学人·南书房夜话'学术沙龙"两大板块的经典阅读推广活动。

二、"南书房家庭经典阅读书目"系列活动

为向广大读者推荐适合当今中国家庭阅读与收藏的经典著作，深圳图书馆于 2014 年初联合中国图书馆学会阅读推广委员会、集结业内专家，开展"南书房家庭经典阅读书目"推荐活动，计划用 10 年时间，每年推荐 30 种经典书目，从而形成一般家庭经典书架的基本容量。"南书房家庭经典阅读书目"着眼于经典文化回归，注重人文性、经典性和可读性，打造家庭阅读"够得着的经典"，引领阅读风气。现已发布《2014 南书房家庭经典阅读书目（30 种）》和《2015 南书房家庭经典阅读书目（30 种）》（书目附后）。

图 3 首期深圳图书馆"南书房家庭经典阅读书目"图书展

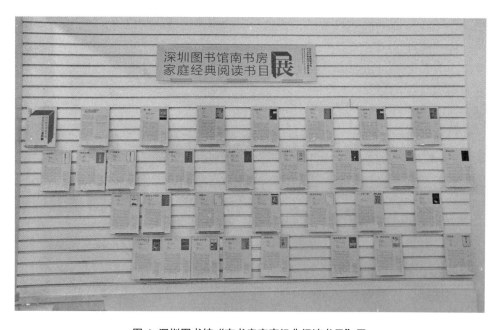

图 4 深圳图书馆"南书房家庭经典阅读书目"展

（一）主题征文

举办"南书房家庭经典阅读书目"征文比赛，2014 年 6 月发起"南书房家庭经典阅读书目"征文大赛，获得市民读者的积极响应，共征集到 200 多篇文章，引发了读者对经典阅读的共鸣。

（二）主题展览

深圳图书馆结合"家庭经典阅读书目"举办主题展览，让读者通过多样化、立体化的阅读体验，感受经典阅读的魅力，所举办的主题展览包括"南书房家庭经典阅读书目"展、"南书房家庭经典阅读书目"图书展和"南书房家庭经典阅读书目"征文比赛优秀作品展。同时策划并组织了各种主题、多种形式的经典文献推介展览，其中"尺幅千里，尽收眼底——中国哲学画卷"主题展览，集中展示了馆藏哲学经典图书，编制推荐书目，全面展现中国哲学发展脉络；"书影流连 经典回眸"图片展，向读者推荐曾经被改编为电影的经典图书，回眸经典曾带给我们的启迪。

（三）经典导读

中华上下五千年的浩瀚典籍中，经典文献以其深厚的人文内涵不断被解读，并对人类文明演进发挥着持久的影响力。为配合"南书房家庭经典阅读书目"的阅读推广，深圳图书馆邀请知名专家学者，举办了多场"南书房家庭经典阅读书目"讲座和沙龙，引导读者直面经典、了解经典、走进经典，普及和弘扬中华优秀传统文化。

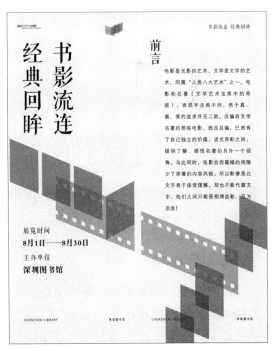

图 5 "书影流连 经典回眸"图片展海报

图6 经典诵读活动——诗经"风、雅、颂"演绎

（四）经典诵读

深圳图书馆举办"品读《诗经》"系列主题活动，2014年举办30场，通过"一场讲座一首诗"的形式，每期活动与市民读者共同精读细品《诗经》其中一首，拟用10年时间，完成整部《诗经》共305首的赏析分享。深圳图书馆还开展"诵读经典"活动，首选《论语》《大学》等儒家经典书籍，邀请国学讲师带领读者于南书房诵读经典，2014年共举办"诵读经典"33场，深受读者喜爱，读者年龄层覆盖广泛，下至三岁，上至七十岁，均在现场朗朗诵读，社会反响强烈，并得到媒体的广泛关注。

（五）创办刊物

在2014年4·23"世界读书日"期间，深圳图书馆创办了以推广阅读、弘扬经典为主旨的公益阅读杂志——《行走南书房》。这是一本阅读交流刊物，体现出深圳图书馆的办刊宗旨：激活经典著作、倡导人文回归、沟通馆员读者、鼓励分享交流。

（六）经典演绎

举办"阅读·深圳"经典诗文朗诵会，邀请深港两地知名朗诵表演艺术家为听众朗诵名篇佳作和经典美文。开展"读剧"活动，以艺术演出的方式将经典作品搬上舞台，演员通过艺术语言将剧中人物的性格、人物关系、复杂的情节，立体地呈献给观众。推出公益电影展播，2015年策划了以"世界

图 7 "南书房夜话"文化沙龙活动现场

经典电影"为主题的展播活动，通过影视效果展现经典名著，以此促进经典阅读活动的开展。

三、"深圳学人·南书房夜话"学术沙龙

2014 年 11 月 8 日，"深圳学人·南书房夜话"学术沙龙正式启动。"深圳学人·南书房夜话"由深圳市社会科学院和深圳图书馆联合主办，半月一期，《深圳商报》"文化广场"提供媒体支持，旨在搭建交流平台，促进思想交锋；贴近市民公众，打造学术品牌；物化思想成果，推动学派构建。

"深圳学人·南书房夜话"学术沙龙在形式与内容上，以各学科领域为依托，以深圳本土学人为主体，由嘉宾主讲或由其邀请同道开展对话。观众读者自由参加并参与互动交流。沙龙内容立足学科背景，结合深圳实际，以现实问题为切入点，实现理论与实际、历史与现实、学者与大众的融合，力争做到"全球视野，民族立场，时代精神，深圳表达"。

"深圳学人·南书房夜话"启动之后，被嘉誉为与"深圳市民文化大讲堂""深圳晚 8 点"并重的深圳公益文化服务品牌。"南书房夜话"学术沙龙的成功举办，使得"南书房"成为深圳学人互相切磋、互相砥砺的文化圣地。

附 文

深圳南书房家庭经典阅读书目与"南书房夜话"沙龙主题

附1：《2014南书房家庭经典阅读书目（30种）》

 1.《诗经选》

  〔春秋〕孔丘（前551—前479）

  推荐版本：人民文学出版社1979年10月版，余冠英（1906—
  1995）注译

 2.《老子》

  〔春秋〕李耳（前571—前471）

  推荐版本：中华书局2006年9月版，饶尚宽译注

 3.《论语译注》

  〔春秋〕孔丘（前551—前479）

  推荐版本：中华书局2012年5月版，杨伯峻（1909—1992）译注

 4.《史记》

  〔汉〕司马迁（前145—前87）

  推荐版本：中华书局2013年9月版

 5.《唐诗三百首》

  〔清〕蘅塘退士（1711—1778）

  推荐版本：中华书局2009年7月版，顾青编注

 6.《宋词选》

  推荐版本：上海古籍出版社2007年7月版，胡云翼（1906—1965）
  选注

 7.《水浒传》

  〔元末明初〕施耐庵（生卒年不详，一说1296—1370）

  推荐版本：人民文学出版社1997年1月版

8.《三国演义》

〔元末明初〕罗贯中（约 1330—约 1400）

推荐版本：人民文学出版社 1973 年 12 月版

9.《西游记》

〔明〕吴承恩（约 1501—1582）

推荐版本：人民文学出版社 2010 年 7 月版，黄肃秋（1911—1989）注释

10.《徐霞客游记》

〔明〕徐霞客（1587—1641）

推荐版本：中华书局 2009 年 1 月版，朱惠荣译注

11.《古文观止》

〔清〕吴楚材（1655—?）、吴调侯（生卒年不详）

推荐版本：中华书局 2008 年 10 月版，葛兆光、戴燕注解

12.《红楼梦》

〔清〕曹雪芹（约 1715—1763）、高鹗（1738—1815）

推荐版本：人民文学出版社 2008 年 7 月版，中国艺术研究院红楼梦研究所校注

13.《人间词话》

王国维（1877—1927）

推荐版本：中华书局 2012 年 7 月版，徐调孚（1901—1981）校注

14.《胡适文存》

胡适（1891—1962）

推荐版本：华文出版社 2013 年 7 月版

15.《国史大纲》

钱穆（1895—1990）

推荐版本：商务印书馆 1996 年 6 月版

16.《四世同堂》

老舍（1899—1966）

推荐版本：人民文学出版社 2012 年 8 月版

17.《沈从文小说选》

沈从文（1902—1988）

推荐版本：人民文学出版社 2004 年 3 月版

18.《十万个为什么》（新世纪版）

卢嘉锡（1915—2001）总主编

推荐版本：少年儿童出版社 2013 年版

19.《荷马史诗·伊利亚特》

〔古希腊〕荷马（生卒年不详）

推荐版本：人民文学出版社 1994 年 11 月版，罗念生（1904—1990）、王焕生译

20.《理想国》

〔古希腊〕柏拉图（前 427—前 347）

推荐版本：商务印书馆 1986 年 8 月版，郭斌和（1900—1987）、张竹明译

21.《一千零一夜》

推荐版本：人民文学出版社 1994 年 6 月版，纳训（1911—1989）译

22.《莎士比亚喜剧悲剧集》

〔英〕莎士比亚（1564—1616）

推荐版本：译林出版社 2010 年 7 月版，朱生豪（1912—1944）译

23.《国富论》

〔英〕亚当·斯密（1723—1790）

推荐版本：陕西人民出版社 2011 年 1 月版，杨敬年译

24.《格林童话全集》

〔德〕雅各布·格林（1785—1863），〔德〕威廉·格林（1786—1859）

推荐版本：译林出版社 2010 年 11 月版，杨武能、杨悦译

25.《安徒生童话全集》

〔丹麦〕安徒生（1805—1875）

推荐版本：中国城市出版社 2010 年 1 月版，叶君健（1914—1999）译

26.《简·爱》

〔英〕夏洛蒂·勃朗特（1816—1855）

推荐版本：人民文学出版社 2012 年 5 月版，吴钧燮译

27.《昆虫记》

　　〔法〕法布尔（1823—1915）

　　推荐版本：花城出版社 2011 年 5 月版，梁守锵等译

28.《西方哲学史》

　　〔英〕罗素（1872—1970）

　　推荐版本：商务印书馆 1976 年 6 月版，上卷何兆武、李约瑟（1900—1995）译，下卷马元德译

29.《小王子》

　　〔法〕圣埃克絮佩里（1900—1944）

　　推荐版本：上海译文出版社 2012 年 7 月版，周克希译

30.《从一到无穷大》

　　〔美〕G. 伽莫夫（1904—1968）

　　推荐版本：科学出版社 2002 年 11 月版，暴永宁译

附 2：《2015 南书房家庭经典阅读书目（30 种）》

1.《春秋左传注》

　　〔春秋〕左丘明（前 502—前 422）

　　推荐版本：中华书局 2009 年 10 月版，杨伯峻（1909—1992）编著

2.《孟子译注》

　　〔战国〕孟轲（前 372—前 289）

　　推荐版本：中华书局 2012 年 5 月版，杨伯峻（1909—1992）译注

3.《庄子》

　　〔战国〕庄周（约前 369—前 286）

　　推荐版本：中华书局 2010 年 6 月版，方勇译注

4.《楚辞选》

　　〔战国〕屈原（前 340—前 228）、〔战国〕宋玉（生卒年不详）等

　　推荐版本：人民文学出版社 1998 年 8 月版，马茂元（1918—1989）选注

5.《说文解字》

　　〔汉〕许慎（约 58—约 147）

　　推荐版本：中华书局 2013 年 7 月版，〔宋〕徐铉（916—991）校定

6.《乐府诗选》

推荐版本：中华书局 2012 年 9 月版，余冠英（1906—1995）选注

7.《世说新语笺疏》

〔南朝宋〕刘义庆（403—444）

推荐版本：中华书局 2011 年 3 月版，〔南朝梁〕刘孝标（462—521）注、余嘉锡（1884—1955)笺疏

8.《资治通鉴》

〔宋〕司马光（1019—1086）

推荐版本：中华书局 2007 年 1 月版

9.《四书章句集注》

〔宋〕朱熹（1130—1200）

推荐版本：中华书局 2011 年 1 月版

10.《西厢记》

〔元〕王实甫（生卒年不详，一说 1260—1336）

推荐版本：人民文学出版社 1995 年 10 月版，张燕瑾校注

11.《传习录注疏》

〔明〕王阳明（1472—1529）

推荐版本：上海古籍出版社 2012 年 12 月版，邓艾民（1920—1984）注

12.《聊斋志异》

〔清〕蒲松龄（1640—1715）

推荐版本：中华书局 2009 年 1 月版

13.《呐喊》

鲁迅（1881—1936）

推荐版本：人民文学出版社 2006 年 12 月版

14.《东西文化及其哲学》

梁漱溟（1893—1988）

推荐版本：上海人民出版社 2015 年 1 月版

15.《中国哲学简史》

冯友兰（1895—1990）

推荐版本：北京大学出版社 2013 年 1 月版，涂又光（1927—2012）译

16.《上下五千年》

　　林汉达（1900—1972）等

　　推荐版本：少年儿童出版社 2014 年 9 月版

17.《美的历程》

　　李泽厚

　　推荐版本：生活·读书·新知三联书店 2009 年 7 月版

18.《沉思录》

　　〔古罗马〕玛克斯·奥勒留（121—180）

　　推荐版本：译林出版社 2012 年 2 月版，梁实秋（1903—1987）译

19.《堂吉诃德》

　　〔西班牙〕塞万提斯（1547—1616）

　　推荐版本：人民文学出版社 1987 年 2 月版，杨绛译

20.《培根论说文集》

　　〔英〕培根（1561—1626）

　　推荐版本：商务印书馆 2009 年 8 月版，水天同（1909—1988）译

21.《论美国的民主》

　　〔法〕托克维尔（1805—1859）

　　推荐版本：商务印书馆 2009 年 7 月版，董果良译

22.《论自由》

　　〔英〕约翰·密尔（1806—1873）

　　推荐版本：商务印书馆 2009 年 3 月版，许宝骙（1909—2001）译

23.《汤姆叔叔的小屋》

　　〔美〕斯托夫人（1811—1896）

　　推荐版本：人民文学出版社 1998 年 10 月版，王家湘译

24.《瓦尔登湖》

　　〔美〕亨利·大卫·梭罗（1817—1862）

　　推荐版本：重庆出版社 2010 年 4 月版，王金玲译

25.《契诃夫短篇小说选》

　　〔俄〕契诃夫（1860—1904）

　　推荐版本：人民文学出版社 2002 年 6 月版，汝龙（1916—1991）译

26.《新教伦理与资本主义精神》

〔德〕马克斯·韦伯（1864—1920）

推荐版本：中国社会科学出版社 2009 年 12 月版，李修建、张云江译

27.《甘地自传》

〔印度〕莫罕达斯·卡拉姆昌德·甘地（1869—1948）

推荐版本：吉林出版集团有限责任公司 2009 年 11 月版，钟杰译

28.《老人与海》

〔美〕海明威（1899—1961）

推荐版本：上海译文出版社 2006 年 8 月版，吴劳（1923—2013）译

29.《艺术发展史》

〔英〕贡布里希（1909—2001）

推荐版本：天津人民美术出版社 2006 年 12 月版，范景中译

30.《百年孤独》

〔哥伦比亚〕加西亚·马尔克斯（1928—2014）

推荐版本：南海出版公司 2011 年 6 月版，范晔译

附 3："深圳学人·南书房夜话"第一季"儒学"系列主题：

第 1 期：为什么是儒家

第 2 期：儒学是宗教吗？

第 3 期：儒学是怎样的人文精神？

第 4 期：儒家思想是普适价值吗？

第 5 期：新轴心时代的儒学发展

第 6 期：儒家的人格理想——君子小人之辨

第 7 期：儒家与道家

第 8 期：儒家与佛家

第 9 期：儒学与民间社会

第 10 期：儒学在海外的发展

附 4："深圳学人·南书房夜话"第二季"传统文化与经典阅读"系列主题：

第 1 期：经典阅读与现代社会

第 2 期：我们今天如何读《论语》

第 3 期：孟子精神的时代意义

第 4 期：儒学中的"大学"与"小学"

第 5 期：《中庸》与中庸之道

第 6 期：诗教之美——《诗经》漫谈

第 7 期：儒家文明与中国的历史观

第 8 期：礼乐文化在现代社会生活中的价值

第 9 期：我们今天如何读《周易》

第 10 期：以《春秋》看儒家文明

部分名家书目推荐

（1）梁启超在1896年10月编撰出版了《西学书目表》。（略）

（2）康有为的《日本书目志》于1897年冬由上海大同译书局出版。（略）

（3）1920年，胡适开列了《中学国故丛书》目录：

《诗经》《战国策》《论语》《庄子》《荀子》《楚辞》《淮南子》《论衡》《左传》《老子》《墨子》《孟子》《韩非子》《元曲选》《史记》《汉书》《明曲选》

杜甫　白居易　陶渊明　李白　韩愈　柳宗元　王安石　陆游　辛弃疾　关汉卿　欧阳修　朱熹　杨万里　马致远

（4）1923年胡适应清华大学学生之请，开有《一个最低限度的国学书目》，后来根据它修订、精简成《实在的最低限度的书目》：

《书目答问》/〔清〕张之洞	九种《纪事本末》
《老子》/〔春秋〕李耳	《墨子闲诂》/〔清〕孙诒让
《元曲选一百种》/〔明〕臧懋循	《缀白裘》/〔清〕玩花主人
《西游记》/〔明〕吴承恩	《淮南鸿烈集解》/刘文典
《中国人名大辞典》	《中国哲学史大纲》/胡适
"四书"	《韩非子》/〔战国〕韩非
《周礼》	《佛遗教经》/迦叶摩腾、竺法兰等译
《阿弥陀经》	《宋元学案》/〔清〕黄宗羲
《王临川集》/〔宋〕王安石	《王文成公全书》/〔明〕王守仁
《章实斋先生年谱》/胡适	《新学伪经考》/康有为
《左传》/〔春秋〕左丘明	《乐府诗集》/〔宋〕郭茂倩
《宋诗钞》/〔清〕吴之振，吕留良，吴自牧	《论衡》/〔汉〕王充
《法华经》/鸠摩罗什译	《坛经》/〔唐〕惠能
《明儒学案》/〔清〕黄宗羲	《朱子年谱》/〔清〕王懋竑
《清代学术概论》/梁启超	《崔东壁遗书》/〔清〕崔述
《诗集传》/〔宋〕朱熹	《文选》/〔南朝梁〕萧统
《全唐诗》/〔清〕彭定求等	《宋六十名家词》/〔明〕毛晋
《宋元戏曲考》/王国维	《水浒传》/〔元末明初〕施耐庵

《儒林外史》/〔清〕吴敬梓　　　　　　《红楼梦》/〔清〕曹雪芹

《荀子集解》/〔清〕王先谦

（5）1923年，梁启超应《清华周刊》记者之约，拟就《国学入门书要目及其读法》，后来他又为"校课既繁、所治专门"的青年学生精简此书目，开列出《最低限度之必读书目》：

"四书"　　　　　　　　　　　　　　　《书经》(《尚书》)

《礼记》/〔汉〕戴圣　　　　　　　　　《老子》/〔春秋〕李耳

《易经》　　　　　　　　　　　　　　　《诗经》

《庄子》/〔战国〕庄周　　　　　　　　《韩非子》/〔战国〕韩非

《史记》/〔汉〕司马迁　　　　　　　　《后汉书》/〔南朝宋〕范晔

《荀子》/〔战国〕荀况　　　　　　　　《战国策》

《左传》/〔春秋〕左丘明　　　　　　　《墨子》/〔战国〕墨翟

《汉书》/〔汉〕班固　　　　　　　　　《三国志》/〔晋〕陈寿

《资治通鉴》(或《通鉴纪事本末》)　　宋元明史纪事本末

《楚辞》〔战国〕屈原　　　　　　　　　《李太白全集》/〔唐〕李白

《韩昌黎集》/〔唐〕韩愈　　　　　　　《白香山集》/〔唐〕白居易

《文选》/〔南朝梁〕萧统　　　　　　　《杜工部集》/〔唐〕杜甫

《柳河东集》/〔唐〕柳宗元

（6）1924年，章太炎在《华国月刊》上发表《中学国文书目》：

《尚书孔传》　　　　　　　　　　　　　《周礼》/〔汉〕郑玄注

《史记》/〔汉〕司马迁　　　　　　　　《续通鉴》/〔清〕毕沅

《清五朝东华录》/〔清〕魏源　　　　　《庄子注》/〔晋〕郭象

《韩非子》/〔战国〕韩非　　　　　　　《诗经》毛传郑笺

《春秋左传集解》/〔晋〕杜预　　　　　《资治通鉴》/〔宋〕司马光

《明通鉴》/〔清〕夏燮　　　　　　　　《老子》/〔三国魏〕王弼注

《二程遗书》/〔宋〕程颢，程颐　　　　《颜氏学记》/〔清〕戴望

《续古文辞类纂》/〔清〕黎庶昌　　　　《唐诗别裁》/〔清〕沈德潜

《说文解字注》/〔清〕段玉裁　　　　　《广韵》/〔宋〕陈彭年等

《世说新语》/〔南朝宋〕刘义庆　　　　《困学纪闻翁注》/〔宋〕王应麟

《十驾斋养新录》/〔清〕钱大昕　　　　《中华民国刑律》

《清服制图》　　　　　　　　　《申鉴》/〔汉〕荀悦

《文中子》/〔隋〕王通　　　　　《吕氏春秋注》/〔汉〕高诱

《中论》/〔汉〕徐干　　　　　　《颜氏家训》/〔南北朝〕颜之推

《说文句读》/〔清〕王筠　　　　《尔雅义疏》/〔清〕郝懿行

《经传释词》/〔清〕王引之　　　《梦溪笔谈》/〔宋〕沈括

《王文成公全书》/〔明〕王守仁　《古文辞类纂》/〔清〕姚鼐

《古诗源》/〔清〕沈德潜　　　　《日知录》/〔清〕顾炎武

《中华民国宪法》　　　　　　　《仪礼·丧服篇》

《荀子注》/〔唐〕杨倞

（7）1925年，顾颉刚开列了一个包含有14种书的"有志研究中国史的青年可备闲览书"的目录：

《山海经》　　　　　　　　　　《世说新语》/〔南朝宋〕刘义庆

《大唐西域记》/〔唐〕玄奘　　　《宋元戏曲史》/王国维

《马可·波罗游记》/〔意〕马可·波罗　《徐霞客游记》/〔明〕徐霞客

《西秦旅行记》/侯鸿鉴　　　　　《梁武石室画像》

《洛阳伽蓝记》/〔北魏〕杨衒之　《唐人说荟》/〔清〕陈世熙

《元朝秘史》（《蒙古秘史》）　　《陶庵梦忆》/〔清〕张岱

《桃花扇》/〔清〕孔尚任　　　　《南洋旅行记》/侯鸿鉴

（8）1926年，汪辟疆列举了国学基本书135种，其中"纲领之部"30种。抗战期间，汪辟疆又开出"大学中文系学生应选读20种书"。（略）

（9）1929年，商务印书馆出版《万有文库》第一辑；1934年，该馆又出版《万有文库》第2辑。（略）

（10）1930年，鲁迅为许世瑛开列了学习中国文学的书目，列书12种：

《唐诗纪事》/〔宋〕计有功　　　《唐才子传》/〔元〕辛文房

《全上古三代秦汉三国六朝文》/〔清〕严可均　《全汉三国晋南北朝诗》/丁福保

《历代名人年谱》/〔清〕汪镇　　《少室山房笔丛》/〔明〕胡应麟

《四库全书简明目录》/〔清〕阮元　《世说新语》/〔南朝宋〕刘义庆

《唐摭言》/〔五代〕王定保　　　《抱朴子外篇》/〔晋〕葛洪

《论衡》/〔汉〕王充　　　　　　《今世说》/〔清〕王晫

（11）20世纪40年代，钱穆先生在西南联大为学生开列了一个《文史书目举要》，1973 年出版《中国史学名著》。他晚年在香港中文大学讲座时又提出七部书是"中国人所人人必需的书"：《论语》《孟子》《老子》《庄子》《六祖坛经》《近思录》《传习录》。于此前后，朱自清先生出版了《经典常谈》。（略）

（12）1947 年，张舜徽先生在兰州大学为学生开列《初学求书简目》，此后又出版了《中国历史要籍介绍》《中国古代史籍举要》，并主编《中国史学名著解题》。（略）

（13）《一个最低限度的国民书目》载于 1941 年 3 月《读书通讯》第 22 期，胡秋原编：

《论语》	《孟子》/〔战国〕孟子
《墨子》/〔战国〕墨翟	《中庸》
《大学》	《孙子兵法》/〔春秋〕孙武
《韩非子》/〔战国〕韩非	《淮南子》/〔汉〕刘安
《史记》/〔汉〕司马迁	《通鉴》/〔宋〕司马光
《通典》/〔唐〕杜佑	《通考》/〔宋〕马端临
《通志》/〔宋〕郑樵	《纲鉴易知录》/〔清〕吴乘权等辑
《诗经》	《楚辞》
《古诗源》/〔清〕沈德潜	《十八家诗钞》/〔清〕曾国藩选编
《经史百家杂钞》/〔清〕曾国藩	《古文辞类纂》/〔清〕姚鼐
《词选》/〔清〕张惠言	《曲录》/王国维
《西厢记》/〔元〕王实甫	《长生殿》/〔清〕洪昇
《桃花扇》/〔清〕孔尚任	《鲒埼亭集》/〔清〕全祖望
《唐宋传奇集》/鲁迅辑录	《水浒传》/〔元末明初〕施耐庵
《儒林外史》/〔清〕吴敬梓	《论衡》/〔汉〕王充
《盐铁论》/〔汉〕桓宽	《梦溪笔谈》/〔宋〕沈括
《天工开物》/〔明〕宋应星	《明夷待访录》/〔清〕黄宗羲
《颜氏学记》/〔清〕戴望	《文史通义》/〔清〕章学诚

（14）1953 年 10 月，北京图书馆编印《中国古代重要著作选目》：

《诗经》	《楚辞》
《李白诗》	《杜甫诗》
《白居易诗》	《水浒传》/〔元末明初〕施耐庵

《三国演义》/〔元末明初〕罗贯中　　　《西厢记》/〔元〕王实甫

《西游记》/〔明〕吴承恩　　　　　　　《红楼梦》/〔清〕曹雪芹

《史记》/〔汉〕司马迁　　　　　　　　《大唐西域记》/〔唐〕玄奘

《徐霞客游记》/〔明〕徐霞客　　　　　《论衡》/〔汉〕王充

《齐民要术》/〔北魏〕贾思勰　　　　　《梦溪笔谈》/〔宋〕沈括

《营造法式》/〔宋〕李诫　　　　　　　《农书》/〔宋〕陈旉

《本草纲目》/〔明〕李时珍　　　　　　《天工开物》/〔明〕宋应星

（15）1964 年，屈万里在台湾开明书店出版《古籍导读》一书。（略）

（16）《家庭书目》，亮轩编，发表在 1976 年 1 月台湾《书评书目》上。（略）

（17）1981 年，胡道静增补《中国古代重要著作选目》：

《老子》/〔春秋〕李耳　　　　　　　　《庄子》/〔战国〕庄周

《荀子》/〔战国〕荀况　　　　　　　　《孙子兵法》/〔春秋〕孙武

《资治通鉴》/〔宋〕司马光　　　　　　《墨子》/〔战国〕墨翟

《孟子》/〔战国〕孟轲　　　　　　　　《韩非子》/〔战国〕韩非

《春秋左氏传》/〔春秋〕左丘明　　　　《水经注》/〔北魏〕郦道元

（18）《中国历代经典宝库》（青少年版），台湾时报文化出版公司，1981 年。（略）

（19）《中国文学古籍选介》，魏凯等编，山西教育出版社，1981 年 12 月。（略）

（20）1982 年，蔡尚思在其《中国文化基本书目》的基础上提出"最能代表中国文化的四十本书"。（略）

（21）《人间天书——宗教典籍举要》，知识出版社编辑出版，1989 年 1 月。（略）

（22）《大学生必读名著导读》，关键主编，海洋出版社，1990 年。（略）

（23）《国学名著 200 种》，王燕钧，王一平编著，上海：上海文化出版社，1992 年 10 月。（略）

（24）《中外文学书目答问》，上下两册，季羡林主编，乔默，江溶编，中国青年出版社，1986 年 4 月。（略）

（25）《中国读书大辞典》，王余光，徐雁主编，南京大学出版社，1993 年 5 月。（略）

（26）《古今中外文学经典》，姜洪海主编，大连出版社，1994 年 1 月。（略）

（27）《大学生文化素质教育百部名著导读》，武汉大学出版社，1997 年

8 月。（略）

（28）《清华大学学生应读书目（人文部分）》，张岂之，徐葆耕主编，清华大学教务处，人文社会科学学院编印，1997 年 9 月。（略）

（29）《北京大学学生应读选读书目》，本书目是 1998 年为北大百年校庆而作。（略）

（30）《青年必读书手册》，方洲主编，中国青年出版社，1997 年 11 月。（略）

（31）《名著的诞生——66 个外国作家与作品》，张功臣著，新疆青少年出版社，1998 年 1 月。（略）

（32）《当代西方社会科学名著导读》，王寿林等主编，北京大学出版社，1999 年 2 月。（略）

（33）《经典品读：人生必读百部名著》，郭勉愈等编著，中华工商联合出版社，1999 年版。（略）

（34）2000 年 1 月 22 日和 29 日，上海《文汇周报》连续刊登了北大、清华的两份推荐书目，引起图书馆界及读书人的注意，引起了理论界的讨论。（略）

中国家庭理想藏书书目一百种

文学（44种）

◎中国文学作品（22种）

1.《诗经选》
2.《楚辞选》

3.《世说新语笺疏》
4.《西厢记》

5.《水浒传》
6.《三国演义》

7.《西游记》
8.《聊斋志异》

9.《古文观止》
10.《儒林外史》

11.《唐诗三百首》
12.《红楼梦》

13.《鲁迅小说全编》
14.《子夜》

15.《四世同堂》
16.《沈从文小说选》

17.《宋词选》
18.《乐府诗选》

19.《曹禺选集》
20.《围城》

21.《呼兰河传》
22.《传奇》

◎外国文学作品（22种）

23.《一千零一夜》
24.《荷马史诗·伊利亚特》

25.《神曲》
26.《十日谈》

27.《堂吉诃德》
28.《莎士比亚喜剧悲剧集》

29.《红与黑》
30.《欧也妮·葛朗台》

31.《悲惨世界》
32.《简·爱》

33.《罪与罚》
34.《安娜·卡列尼娜》

35.《契诃夫短篇小说选》
36.《约翰·克利斯朵夫》

37.《变形记》
38.《老人与海》

39.《一九八四》
40.《静静的顿河》

41.《百年孤独》

外国少儿文学

42.《格林童话全集》
43.《安徒生童话全集》

44.《小王子》

◎社科类（42种）

中学（21种）

45.《周易》

46.《老子》

47.《论语译注》

48.《左传》

49.《孟子译注》

50.《庄子》

51.《荀子》

52.《史记》

53.《汉书》

54.《说文解字注》

55.《文心雕龙》

56.《坛经》

57.《资治通鉴》

58.《四书章句集注》

59.《传习录校释》

60.《胡适文存》

61.《中国文化要义》

62.《中国哲学简史》

63.《乡土中国 生育制度 乡土重建》

64.《士与中国文化》

65.《美的历程》

西学（21种）

66.《理想国》

67.《历史》

68.《沉思录》

69.《培根论说文集》

70.《思想录》

71.《政府论》

72.《论法的精神》

73.《社会契约论》

74.《国富论》

75.《常识》

76.《论美国的民主》

77.《论自由》

78.《精神分析引论》

79.《新教伦理与资本主义精神》

80.《西方哲学史》

81.《宽容》

82.《通往奴役之路》

83.《第二性》

84.《艺术发展史》

85.《正义论》

86.《文明的冲突与世界秩序的重建》

◎科学（8种）

87.《徐霞客游记》

88.《物种起源》

89.《昆虫记》

90.《爱因斯坦文集》

91.《中华科学文明史》

92.《从一到无穷大》

93.《寂静的春天》　　　　　　94.《宇宙最初三分钟》

◎家庭生活（6种）

95.《上下五千年》　　　　　　96.《傅雷家书》

97.《十万个为什么（新世纪版）》　98.《中国居民膳食指南》

99.《中国国家地理·选美中国特辑》　100.《家庭诊疗全书》

（摘自文建明主编《中国家庭理想藏书》，生活·读书·新知三联书店，2013年版）

尼山书院国学必备书目

（征求意见稿）

一、修养应用及思想史关系书类：

《孟子字义疏证》〔清〕戴震著　中华书局

《孟子正义》〔清〕焦循著　中华书局

《东塾读书记·孟子》〔清〕陈澧著　上海古籍出版社

《四书集注》〔宋〕朱熹集注　岳麓书社

《论语注》〔清〕戴望注　上海古籍出版社

《论语通释》〔清〕焦循通释　上海古籍出版社

《论语集释》　程树德集释　中华书局

《论语译注》　杨伯峻译注　中华书局

《孟子译注》　杨伯峻译注　中华书局

《周易程氏传》〔宋〕程颐著　中华书局

《周易述》〔清〕惠栋著　中华书局

《周易大传今注》　高亨著　齐鲁书社

《高亨〈周易〉九讲》　高亨著　中华书局

《周易解题及其读法》　钱基博著　广西师范大学出版社

《周易注校释》　楼宇烈校释　中华书局

《学易笔谈》　杭慎修著　岳麓书社

《礼记正义》〔唐〕孔颖达正义　上海古籍出版社

《礼记集解》〔清〕孙希旦撰　中华书局

《礼记训纂》〔清〕朱彬撰　中华书局

《礼记译注》　杨天宇译注　上海古籍出版社

《礼记译解》　王文锦译解　中华书局

《大学中庸译注》　王文锦译注　中华书局

《老子指归》〔汉〕严遵著　中华书局

《老子注译及评介》 陈鼓应著 中华书局

《帛书老子校注》 高明著 中华书局

《墨子间诂》〔清〕孙诒让著 中华书局

《墨经校诠》 高亨著 清华大学出版社

《庄子集释》〔清〕郭庆藩辑 中华书局

《庄子今注今译》 陈鼓应著 中华书局

《荀子集解》〔清〕王先谦撰 中华书局

《尹文子》〔战国〕尹文子著 上海书店

《慎子集校集注》 许富宏撰 中华书局

《公孙龙子译注》 庞朴译注 上海人民出版社

《韩非子集释》〔清〕王先慎著 中华书局

《韩非子校注》 周勋初修订 凤凰出版社

《管子校正》〔清〕戴望著 商务印书馆

《管子校注》 黎翔凤著 中华书局

《管子轻重篇新诠》 马非百撰 中华书局

《吕氏春秋》〔战国〕吕不韦编 上海古籍出版社

《吕氏春秋校释》 陈奇猷校释 学林出版社

《淮南鸿烈集解》 刘文典著 中华书局

《春秋繁露义证》 苏舆著 中华书局

《春秋董氏学》 康有为著 中华书局

《论衡校读笺识》 马宗霍著 中华书局

《论衡校释》 黄晖著 中华书局

《抱朴子内篇校释》 王明著 中华书局

《抱朴子外篇校笺》 杨明照著 中华书局

《列子集释》 杨伯峻著 中华书局

《列子译注》 严北溟译注 上海古籍出版社

《近思录》〔宋〕朱熹著 中华书局

《近思录集注》〔清〕江永著 商务印书馆

《朱子年谱》〔清〕王懋竑撰 商务印书馆

《传习录》〔明〕王守仁著 山东友谊书社

《王阳明全集》〔明〕王守仁著 上海古籍出版社

《明儒学案》〔清〕黄宗羲著 中华书局

《宋元学案》〔清〕黄宗羲，全祖望，王梓材著 中华书局

《明夷待访录》〔清〕黄宗羲著 中华书局

《日知录》〔清〕顾炎武著 上海古籍出版社

《亭林诗文集》〔清〕顾炎武著 中华书局

《思问录·俟解》〔清〕王夫之著 中华书局

《颜氏学记》〔清〕戴望著 中华书局

《东原集》〔清〕戴震著 商务印书馆

《戴震全书》〔清〕戴震著 黄山书社

《戴震集》〔清〕戴震著 上海古籍出版社

《雕菰楼集》〔清〕焦循著 上海古籍出版社

《雕菰楼易学五种》〔清〕焦循著 凤凰出版社

《文史通义》〔清〕章学诚著 商务印书馆

《文史通义校注》 叶瑛校注 中华书局

《大同书》 康有为著 中州古籍出版社

《大同论二种》 康有为著 三联书店

《国故论衡》 章炳麟著 上海古籍出版社

《国故论衡疏证》 庞石帚，郭诚永疏证 中华书局

《东西文化及其哲学》 梁漱溟著 商务印书馆

《中国哲学史大纲 上卷》 胡适著 商务印书馆

《先秦政治思想史》 梁启超著 上海古籍出版社

《清代学术概论》 梁启超著 上海古籍出版社

二、政治史及其他文献学书类

《尚书今古文注疏》〔清〕孙星衍著 中华书局

《今文尚书考证》〔清〕皮锡瑞著 中华书局

《尚书孔传参正》〔清〕王先谦著 中华书局

《逸周书集训校释》〔清〕朱右曾著 商务印书馆

《逸周书汇校集注》 黄怀信著 上海古籍出版社

《古本竹书纪年辑校　今本竹书纪年疏证》〔清〕朱右曾著　王国维著　辽宁教育出版社

《国语》〔春秋〕左丘明著　齐鲁书社

《国语集解》〔清〕徐元诰撰　中华书局

《春秋经传集解》〔晋〕杜预集解　上海古籍出版社

《春秋大事表》〔清〕顾栋高著　中华书局

《春秋左传注》　杨伯峻注　中华书局

《战国策》〔汉〕刘向辑　上海古籍出版社

《战国策笺证》　范祥雍笺证　上海古籍出版社

《周礼正义》〔清〕孙诒让著　中华书局

《周礼译注》　杨天宇译注　上海古籍出版社

《考信录》〔清〕崔述著　商务印书馆

《资治通鉴》〔宋〕司马光编著　中华书局

《读通鉴论》〔清〕王夫之著　中华书局

《续资治通鉴》〔清〕毕沅著　上海古籍出版社

《文献通考》〔宋〕马端临撰　中华书局

《续文献通考》〔明〕王圻撰　浙江古籍出版社

《皇朝文献通考》〔清〕乾隆官修　浙江古籍出版社

《两汉会要》〔宋〕徐天麟撰　上海古籍出版社

《唐会要》〔宋〕王溥撰　中华书局

《五代会要》〔宋〕王溥撰　上海古籍出版社

《通志二十略》〔宋〕郑樵撰　中华书局

《史记》〔汉〕司马迁著　中华书局

《汉书》〔汉〕班固著　〔唐〕颜师古注　中华书局

《三国志》〔晋〕陈寿著　〔宋〕裴松之注　中华书局

《后汉书》〔南朝宋〕范晔著　〔唐〕李贤注　中华书局

《续汉书八志》〔晋〕司马彪著　〔南朝梁〕刘昭注　中华书局

《晋书》〔唐〕房玄龄著　〔唐〕何超音义　中华书局

《宋书》〔南朝梁〕沈约著　中华书局

《南齐书》〔南朝梁〕萧子显著　中华书局

《梁书》〔唐〕姚思廉著　中华书局

《陈书》〔唐〕姚思廉著　中华书局

《魏书》〔北齐〕魏收著　中华书局

《北齐书》〔唐〕李百药著　中华书局

《周书》〔唐〕令狐德棻著　中华书局

《隋书》〔唐〕魏征著　中华书局

《南史》〔唐〕李延寿著　中华书局

《北史》〔唐〕李延寿著　中华书局

《旧唐书》〔后晋〕刘昫著　中华书局

《新唐书》〔宋〕欧阳修，宋祁著　中华书局

《旧五代史》〔宋〕薛居正著　中华书局

《新五代史》〔宋〕欧阳修著　中华书局

《宋史》〔元〕脱脱著　中华书局

《辽史》〔元〕脱脱著　中华书局

《金史》〔元〕脱脱著　中华书局

《元史》〔明〕宋濂著　中华书局

《明史》〔清〕张廷玉著　中华书局

《清史稿》　赵尔巽等撰　中华书局

《廿二史札记》〔清〕赵翼著　中华书局

《十七史商榷》〔清〕王鸣盛著　上海古籍出版社

《圣武记》〔清〕魏源著　中华书局

《国朝先正事略》〔清〕李元度纂　岳麓书社

《读史方舆纪要》〔清〕顾祖禹著　中华书局

《史通》〔唐〕刘知几著　上海古籍出版社

《史通通释》〔清〕浦起龙通释　上海古籍出版社

《史通笺记》　程千帆著　中华书局

《中国历史研究法》　梁启超著　岳麓书社

《中国历史教科书》　刘师培著　广陵书社

三、韵文书类

《诗毛氏传疏》〔清〕陈奂著　中国书店

《毛诗传笺通释》〔清〕马瑞辰撰　中华书局

《楚辞集注》〔宋〕朱熹著　上海古籍出版社

《楚辞通释》〔清〕王夫之著　上海人民出版社

《文选》〔梁〕萧统编〔唐〕李善注　中华书局

《乐府诗集》〔宋〕郭茂倩编　中华书局

《曹子建集》〔魏〕曹植撰　中华书局

《阮嗣宗集》〔魏〕阮籍撰　国家图书馆出版社

《陶渊明集》〔晋〕陶潜撰　中华书局

《谢灵运集》〔晋〕谢灵运撰　岳麓书社

《鲍参军集注》〔南朝宋〕鲍照撰　钱仲联注　上海古籍出版社

《谢宣城集校注》〔南朝齐〕谢朓撰　曹融南校注　上海古籍出版社

《汉魏六朝百三家集》〔明〕张溥撰　吉林出版集团

《汉魏六朝百三家集题辞注》殷孟伦注　人民文学出版社

《李太白集》〔唐〕李白撰　岳麓书社

《杜工部集》〔唐〕杜甫撰　岳麓书社

《王右丞集》〔唐〕王维撰　岳麓书社

《孟襄阳集》〔唐〕孟浩然撰　广陵书社

《韦苏州集》〔唐〕韦应物撰　中国书店

《高常侍集》〔唐〕高适撰　中华书局

《韩昌黎集》〔唐〕韩愈撰　中国书店

《柳河东集》〔唐〕柳宗元撰　上海古籍出版社

《白香山集》〔唐〕白居易撰　商务印书馆

《李商隐全集》〔唐〕李商隐撰　上海古籍出版社

《王临川集》〔宋〕王安石撰　商务印书馆

《苏东坡集》〔宋〕苏轼撰　商务印书馆

《元遗山集笺注》〔金〕元好问撰　施国祁注　人民文学出版社

《陆放翁集》〔宋〕陆游撰　商务印书馆

《唐百家诗选》〔宋〕王安石选　上海古籍出版社

《醉翁琴趣外篇》〔宋〕欧阳修撰　世界书局

《清真词》〔宋〕周邦彦撰　福建人民出版社

《梦窗词》〔宋〕吴文英撰　商务印书馆

《东坡乐府》〔宋〕苏轼撰　上海古籍出版社

《柳永集》〔宋〕柳永撰　山西古籍出版社

《淮海词》〔宋〕秦观撰　浙江古籍出版社

《樵歌》〔宋〕朱敦儒撰　上海古籍出版社

《稼轩词》〔宋〕辛弃疾撰　中华书局

《后村词笺注》〔宋〕刘克庄撰　钱仲联注　上海古籍出版社

《白石道人歌曲》〔宋〕姜夔撰　商务印书馆

《王沂孙词集》〔元〕王沂孙撰　上海古籍出版社

《宋诗钞》〔清〕吕留良钞　中华书局

《西厢记》〔元〕王实甫撰　上海古籍出版社

《琵琶记》〔元〕高明撰　中华书局

《牡丹亭》〔明〕汤显祖撰　人民文学出版社

《桃花扇》〔清〕孔尚任撰　人民文学出版社

《长生殿》〔清〕洪昇撰　人民文学出版社

四、小学书及文法书类

《说文解字注》〔清〕段玉裁注　中华书局

《说文通训定声》〔清〕朱骏声撰　中华书局

《说文释例》〔清〕王筠撰　中华书局

《说文义证》〔清〕桂馥撰　齐鲁书社

《广雅疏证》〔清〕王念孙撰　江苏古籍出版社

《读书杂志》〔清〕王念孙撰　江苏古籍出版社

《经传释词》〔清〕王引之撰　江苏古籍出版社

《古书疑义举例》〔清〕俞樾撰　中华书局

《经籍籑诂》〔清〕阮元编　中华书局

《马氏文通》〔清〕马建忠著　商务印书馆

《说文解字通论》 陆宗达著 北京出版社

《语言文字学及其应用研究》 许嘉璐著 广东教育出版社

《语言文字学论文集》 许嘉璐著 商务印书馆

《古代汉语》 王力编 中华书局

《训诂学》 郭在贻著 中华书局

五、日常涉猎类

《四库全书总目提要》 〔清〕永瑢 纪昀等撰 中华书局

《世说新语》 〔南朝宋〕刘义庆编撰 上海古籍出版社

《水经注》〔北魏〕郦道元撰 〔清〕戴震校 黄山书社

《文心雕龙》〔南朝梁〕刘勰著 浙江古籍出版社

《大唐三藏慈恩法师传选译》〔唐〕慧立撰 贾二强译注 巴蜀书社

《徐霞客游记》〔明〕徐霞客撰 中华书局

《梦溪笔谈》〔宋〕沈括撰 凤凰出版社

《困学纪闻》〔宋〕王应麟著 上海古籍出版社

《通艺录》〔清〕程瑶田著 黄山书社

《癸巳类稿》〔清〕俞正燮著 辽宁教育出版社

《东塾读书记》〔清〕陈澧著 上海古籍出版社

《庸盦笔记》〔清〕薛福成著 江苏人民出版社

《张太岳集》〔明〕张居正著 上海古籍出版社

《王心斋先生全集》〔明〕王艮著 江苏教育出版社

《朱舜水全集》〔清〕朱之渝著 中国书店

《李塨文集》〔清〕李塨著 河南人民出版社

《鲒琦亭集》〔清〕全祖望著 商务印书馆

《潜研堂集》〔清〕钱大昕著 上海古籍出版社

《述学》〔清〕汪中著 辽宁教育出版社

《洪北江诗文集》〔清〕洪亮吉著 商务印书馆

《龚自珍全集》〔清〕龚自珍著 上海古籍出版社

《曾文正公全集》〔清〕曾国藩著 线装书局

《胡林翼集》〔清〕胡林翼著 岳麓书社

《苕溪渔隐丛话》〔宋〕胡仔纂集　人民文学出版社

《词苑丛谈》〔清〕徐釚著　上海古籍出版社

《语石》〔清〕叶昌炽著　上海书店

《书林清话》〔清〕叶德辉著　中华书局

《广艺舟双楫》〔清〕康有为著　中国人民大学出版社

《剧说》〔清〕焦循著　古典文学出版社

《宋元戏曲史》　王国维著　上海古籍出版社

《古代文体常识》　许嘉璐著　中华书局

《中国文献学九讲》　张舜徽著　中华书局

《佛教基本知识》　周叔迦著　中华书局

《语文常谈》　吕叔湘著　三联书店

《宋诗选注》　钱钟书选注　三联书店

《黄侃手批白文十三经》　黄侃批　中华书局

《黄侃手批说文解字》　黄侃批　中华书局

《绎史》〔清〕马骕著　齐鲁书社

《左传纪事本末》〔清〕高士奇著　中华书局

《通鉴纪事本末》〔宋〕袁枢著　中华书局

《宋史纪事本末》〔明〕陈邦瞻著　中华书局

《元史纪事本末》〔明〕陈邦瞻著　中华书局

《明史纪事本末》〔清〕谷应泰著　中华书局

《三藩纪事本末》〔清〕杨陆荣著　中华书局

《三朝北盟会编》〔宋〕徐梦莘著　上海古籍出版社

《藏园群书题记》　傅增湘撰　上海古籍出版社

六、蒙学

（一）综合知识

《千字文》〔南朝梁〕周兴嗣撰　上海古籍出版社

《三字经》〔宋〕王应麟撰　上海古籍出版社

《三字经训诂》〔清〕王相撰　中国书店

《三字经注解备要》〔清〕贺兴思撰　上海古籍出版社

《增订〈三字经〉》 章炳麟撰　甘肃人民出版社

《小学绀珠》〔宋〕王应麟撰　中华书局

《名物蒙求》〔明〕方逢辰撰　海豚出版社

《龙文鞭影》〔明〕萧良有撰　岳麓书社

《幼学琼林》〔清〕邹盛脉撰　岳麓书社

《幼学歌》〔清〕王用臣撰　天津古籍出版社

（二）伦理道德

《小学》〔宋〕朱熹　刘青撰　四川大学出版社

《小学集解》〔清〕张伯行撰　中华书局

《童蒙训》〔宋〕吕本中撰　陕西人民出版社

《少仪外传》〔宋〕吕祖谦撰　中华书局

《纯正蒙求》〔元〕胡炳文撰　上海古籍出版社

《二十四孝》〔元〕郭居敬撰　云南美术出版社

《好人歌》〔明〕吕坤撰　辽宁古籍出版社

（三）行为规范

《程子四箴》〔宋〕程颐撰　中华书局

《神童诗》〔宋〕汪洙撰　辽宁古籍出版社

《童蒙须知》〔宋〕朱熹撰　中华书局

《训蒙法》〔宋〕王日休撰　接力出版社

《增广贤文》〔明〕佚名撰　中国书店

《童子礼》〔明〕屠义英撰　中华书局

《小儿语》〔明〕吕得胜撰　蓝天出版社

《续小儿语》〔明〕吕坤撰　东北朝鲜民族教育出版社

《小儿语补》〔明〕天谷老人撰　东北朝鲜民族教育出版社

《老学究语》〔明〕李惺撰　陕西人民出版社

《弟子规》〔清〕李毓秀撰　人民教育出版社

《格言联璧》〔清〕金缨撰　湖北辞书出版社

（四）学养规范

《程董二先生学则》〔宋〕程端蒙　董铢撰　中华书局

《程氏家塾读书分年日程》〔元〕程端礼撰　黄山书社

《洞学十戒》〔明〕高贲亨撰　辽宁古籍出版社

《治家格言》〔清〕朱用纯撰　上海古籍出版社

《了凡四训》〔明〕袁黄撰　中州古籍出版社

（五）历史常识

《叙古千文》〔宋〕胡寅撰　天津古籍出版社

《历代蒙求》〔元〕陈栎撰　岳麓书社

《鉴略妥注》〔明〕李廷机撰　岳麓书社

《韵史》〔清〕许遯翁撰　中国书店

《蒙训》〔清〕刘沅撰　远方出版社

《史鉴节要便读》〔清〕鲍东里撰　岳麓书社

（六）训蒙方法

《蒙养礼》〔明〕吕坤撰　中华书局

《社学要略》〔明〕吕坤撰　中华书局

《初学备忘》〔明〕张履祥撰　中华书局

《教童子法》〔清〕王筠撰　接力出版社

《训蒙辑要》〔清〕石天基撰　接力出版社

（七）声律词对

《训蒙骈句》〔明〕司守谦撰　湖北美术出版社

《笠翁对韵》〔清〕李渔撰　海豚出版社

《声律启蒙》〔清〕车万育撰　岳麓书社

《千家诗》〔宋〕刘克庄撰　中华书局

《唐诗三百首》〔清〕孙洙撰　浙江古籍出版社

（八）识文断字

《百家姓》〔宋〕佚名撰　岳麓书社

《文字蒙求》〔清〕王筠撰　中华书局

（九）女童教育

《女小儿语》〔明〕吕得胜撰　华夏出版社

《女儿经》〔明〕佚名撰　华夏出版社

七、普及读物

《西游记》〔明〕吴承恩　人民文学出版社

《三国演义》〔元末明初〕罗贯中　人民文学出版社

《水浒传》〔元末明初〕施耐庵　人民文学出版社

《红楼梦》〔清〕曹雪芹　人民文学出版社

《中国十大古典名剧》（上、下）　翁敏华　上海古籍出版社

《新白话聊斋志异》（上、下）〔清〕蒲松龄　中华书局

《说莫言》（全两册）　林建法　辽宁人民出版社

《朱光潜诗歌美学引论》　肖学周　中国社科出版社

《元曲故事大全》　马志伟　商务印书馆

《唐诗风情》　闻一多　新世界出版社

《中国现当代文学史论》　王达敏　安徽文艺出版社

《四季志摩》　徐志摩　十月文艺出版社

《海子诗全集》　海子　作家出版社

《冯唐诗百首》　冯唐　天津人民出版社

《左传疑义新证》　赵生群　人民文学出版社

《纳兰词典评》　苏缨　陕西师范大学出版社

《人间词话典评》　卫琪　陕西师范大学出版社

《三读集：读稗读曲读诗文》　陈美林著　商务印书馆

《古诗源》〔清〕沈德潜　哈尔滨出版社

《唐宋词鉴赏大辞典》　刘石　中华书局

《纳兰词全编笺注》〔清〕纳兰性德　湖南文艺出版社

《国史要义》　柳诒徵　岳麓书社

《中华诗词名篇解读》　邓荫柯编著　商务印书馆

《闲情偶寄》〔清〕李渔　人民文学出版社

《烂漫饮冰子——梁启超传》(精)　徐刚　作家出版社

《逍遥游——庄子传》(精)　王充闾　作家出版社

《戏看人间——李渔传》(精)　杜书瀛　作家出版社

《千秋词主——李煜传》(精)　郭启宏　作家出版社

《心同山河——顾炎武传》(精)　陈益　作家出版社

《书圣之道——王羲之传》(精)　王兆军　作家出版社

《草泽英雄梦——施耐庵传》(精)　浦玉生　作家出版社

《孤独的绝唱——八大山人传》(精)陈世旭　作家出版社

《泣血红楼——曹雪芹传》(精)　周汝昌　作家出版社

《诗词格律》　王力　中华书局

《古文观止译注》〔清〕吴楚材　上海古籍出版社

《宋词三百首笺注》〔清〕上彊村民　人民文学出版社

《元明清散曲选》　王起　人民文学出版社

《金元明清词选》夏承焘，张璋　人民文学出版社

《花间十六拍》　凌小汐　岳麓书社

《诗词格律新讲》　申忠信　中国文史出版社

《白香词谱》〔清〕舒梦兰　上海古籍出版社

《唐诗三百首 导读及注释》　康震，陈珀如　中信出版社

《宋词三百首 导读及注释》　康震，向铁生　中信出版社

《世说新语 导读及译注》　陈岸峰　中信出版社

《古代小品文鉴赏辞典》　上海辞书出版社文学鉴赏辞典编纂中心　上海辞书
　出版社

《名联鉴赏辞典》(第二版)　苏渊雷　上海辞书出版社

《先秦诗鉴赏辞典》　赵朴初　上海辞书出版社

《宋词鉴赏辞典》(新一版)　夏承焘，唐圭璋，周汝昌等撰写　上海辞书出
　版社

《明清传奇鉴赏辞典》（上、下） 蒋星煜，齐森华，赵山林主编 上海辞书
　　出版社

《古代小说鉴赏辞典》（上） 董乃斌 上海辞书出版社

《古代小说鉴赏辞典》（下） 黄霖 上海辞书出版社

《诸子百家名篇鉴赏辞典》 马振铎 上海辞书出版社

《元明清词鉴赏辞典》 钱仲联 上海辞书出版社

《唐宋词鉴赏辞典》（全二册） 周汝昌 上海辞书出版社

《新诗鉴赏辞典》 公木 上海辞书出版社

《新诗鉴赏辞典》（重编本） 孙光萱，张新，戴达编 上海辞书出版社

《元明清诗鉴赏辞典：清·近代》 钱仲联 上海辞书出版社

《元明清诗鉴赏辞典：辽·金·元·明》 钱仲联 上海辞书出版社

《古诗三百首鉴赏辞典》 上海辞书出版社文学鉴赏辞典编纂中心 上海辞书
　　出版社

《金瓶梅鉴赏辞典》 黄霖，张兵，杨彬 上海辞书出版社

《水浒传鉴赏辞典》 萧相恺编著 上海辞书出版社

《名家书信鉴赏辞典》 李锋 上海辞书出版社

《楚辞名篇鉴赏辞典》 上海辞书出版社文学鉴赏辞典编纂中心 上海辞书出版社

《人间词话鉴赏辞典》 黄霖 上海辞书出版社

《唐五代词三百首鉴赏辞典》上海辞书出版社文学鉴赏辞典编纂中心 上海辞
　　书出版社

《儒林外史鉴赏辞典》 李汉秋 上海辞书出版社

《红楼梦鉴赏辞典》 孙逊 上海辞书出版社

《元曲三百首鉴赏辞典》 隋树森 上海辞书出版社

《西游记鉴赏辞典》 李时人，张兵，刘廷乾编著 上海辞书出版社

《宋诗三百首鉴赏辞典》 上海辞书出版社文学鉴赏辞典编纂中心 上海辞书
　　出版社

《元明清诗三百首鉴赏辞典》 上海辞书出版社文学鉴赏辞典编纂中心 上海辞
　　书出版社

《古文鉴赏辞典》（上、下） 陈振鹏 上海辞书出版社

《宋诗鉴赏辞典》 缪钺 上海辞书出版社

《汉魏六朝诗鉴赏辞典》 汤高才 上海辞书出版社

《诗经三百篇鉴赏辞典》 赵逵夫 上海辞书出版社

《春秋诗话笺注》 董运庭 中国社会科学出版社

《四大名剧精读》 翁敏华 上海古籍出版社

《现代文坛随拾》 倪墨炎著 上海世纪出版社

《诗词赏会》 周汝昌 中华书局

《诸葛亮集》 〔三国〕诸葛亮 中华书局

《中国文学史》（全二册） 台静农 上海古籍出版社

《中国鼓词文学发展史》 李雪梅 上海人民出版社

《〈红楼梦〉与传统诗学》 王怀义 上海三联出版社

《中国古代小说与文化论集》 李时人 中华书局

《诗学散论》 陈顺智 上海古籍出版社

《人间词话全解》（精） 王国维，思雅 中国华侨出版社

《温文尔雅》 汪龙麟 中国画报出版社

《曲律注释》〔明〕王骥德 上海古籍出版社

《诗文声律论稿》（精） 启功 中华书局

《二晏词笺注》 〔宋〕晏殊，晏几道 上海古籍出版社

《龚自珍全集》 〔清〕龚自珍 上海古籍出版社

《诗经今注》 高亨 上海古籍出版社

《中华经典随笔：世说新语（插图本）》 〔南朝宋〕刘义庆 中华书局

《古文观止》 〔清〕吴楚材 中华书局

《诗经楚辞鉴赏辞典》 兰东辉 中国书籍出版社

《中国散文史》（上、中、下） 郭预衡 上海古籍出版社

《困学纪闻》（上、中、下）〔宋〕王应麟 上海古籍出版社

《国学常识：民国学术文化名著》 曹伯韩 岳麓书社

《中国历代文化艺术：通赏中国古典小说》 孟祥娟 长春出版社

《中国历代文化艺术：通赏中国历代词》 沈文凡 长春出版社

《中国历代文化艺术：通赏中国名联》 王树海 长春出版社

《中国历代文化艺术：通赏中国古诗》 付民印 长春出版社

《历代词说》 陶俊新 广西师范大学出版社

《纳兰词集》〔清〕纳兰性德著 张草纫导读 上海古籍出版社

《人间词话》 王国维著 黄霖，周兴陆导读 上海古籍出版社

《人间词话译注》（增订本） 施议对译注 岳麓书社

《好诗：回到初相遇的一刻》 琹涵 九州出版社

《好词：停在最想念的时光》 琹涵 九州出版社

《二十年目睹之怪现状》〔清〕吴趼人 中国画报出版社

《说岳全传》〔清〕钱彩 岳麓书社

《东周列国志》〔明〕冯梦龙 岳麓书社

《说唐传》〔清〕无名氏 岳麓书社

《老残游记》〔清〕刘鹗 岳麓书社

《儒林外史》 〔清〕吴敬梓 岳麓书社

《封神演义》 〔明〕许仲琳 岳麓书社

《隋唐演义》 〔清〕褚人获 岳麓书社

《醒世恒言》 〔明〕冯梦龙 岳麓书社

《喻世明言》 〔明〕冯梦龙 岳麓书社

《警世通言》 〔明〕冯梦龙 岳麓书社

《初刻拍案惊奇》 〔明〕凌濛初 岳麓书社

《聊斋志异》〔清〕蒲松龄 岳麓书社

《镜花缘》〔清〕李汝珍 岳麓书社

《二刻拍案惊奇》 〔明〕凌濛初 岳麓书社

《白蛇全传》 梦花馆主 岳麓书社

《屈原：宋词研究》 詹安泰 上海古籍出版社

《〈诗经〉分类辨体》 韩高年 上海古籍出版社

《好书之徒》 陈晓维 中华书局

《人如其读 》 赵武平 中华书局

《运书日记》 陈训慈 中华书局

《经史百家杂钞》（上、下）〔清〕曾国藩 中华书局

《欧阳修诗词文选评》 黄进德 上海古籍出版社

《柳永词选评》 谢桃坊 上海古籍出版社

《李贺诗选评》 陈允吉 上海古籍出版社

《李白诗选评》 赵昌平 上海古籍出版社

《古诗十九首与乐府诗选评》 曹旭 上海古籍出版社

《李清照诗词文选评》 陈祖美 上海古籍出版社

《王维孟浩然诗选评》 刘宁 上海古籍出版社

《〈诗经〉写真》 徐志啸 浙江古籍出版社

《〈楚辞〉展奇》 徐志啸 浙江古籍出版社

《楚辞译注》 董楚平 上海古籍出版社

《鲁迅诗歌注析》 林伟 浙江大学出版社

《中国十大古典喜剧集》 王季思 齐鲁书社

《唐宋词一百首》 胡云翼 上海古籍出版社

《辛弃疾词集》〔宋〕辛弃疾著 崔铭导读 上海古籍出版社

《苏轼词集》〔宋〕苏轼著 刘石导读 上海古籍出版社

《陆游词集》〔宋〕陆游 上海古籍出版社

《贺铸词集》〔宋〕贺铸著 钟振振导读 上海古籍出版社

《词史》 刘毓盘 上海古籍出版社

《辛弃疾词集》〔宋〕辛弃疾 上海古籍出版社

《柳永词集》〔宋〕柳永 上海古籍出版社

《唐宋词格律》 龙榆生 上海古籍出版社

《李清照词集》〔宋〕李清照 上海古籍出版社

《秦观词集》〔宋〕秦观 上海古籍出版社

《黄庭坚词集》〔宋〕黄庭坚 上海古籍出版社

《周邦彦词集》〔宋〕周邦彦 上海古籍出版社

《苏轼词集》〔宋〕苏轼 上海古籍出版社

《太平天国史》(全四册) 罗尔纲 中华书局

《晏殊词集·晏几道词集》〔宋〕晏殊,晏几道 上海古籍出版社

《作诗漫话》 胡可先 浙江古籍出版社

《旧体诗入门》 方春阳,吴秋登 浙江古籍出版社

《文艺欣赏漫谈》 吴战垒 浙江古籍出版社

《唐宋词欣赏》 夏承焘 浙江古籍出版社

《诗经译注》 程俊英 上海古籍出版社

《文心雕龙译注》 王运熙　上海古籍出版社

《世说新语译注》 张为之　上海古籍出版社

《发现唐诗之美》 王子居　中国纺织出版社

《诗经》 崔富章主编　浙江古籍出版社

《楚辞》〔战国〕屈原　浙江古籍出版社

《世说新语》〔南朝宋〕刘义庆 浙江古籍出版社

《中国文学史》 郑振铎　江西教育出版社

《中国小说史》 鲁迅　江西教育出版社

《中国散文史》 陈柱　江西教育出版社

《词的国度》 王国维，吴梅　江西教育出版社

《百喻经译注》 王孺童　中华书局

《谈美书简》 朱光潜　中华书局

《徐霞客游记》〔明〕徐霞客　中华书局

《孟子旁通》 南怀瑾　复旦大学出版社

《中国文化泛言》 南怀瑾　复旦大学出版社

《庄子的快活》 王蒙　中华书局

《老子十八讲》 王蒙　三联书店

《庄子的奔腾》 王蒙　湖南文艺出版社

《易经解析：方法与哲理》 闵建蜀　三联书店

《易经的领导智慧》 闵建蜀　三联书店

《周易解题及其读法》 钱基博　广西师范大学出版社

《国学必读》（上下册） 钱基博　广西师范大学出版社

《国史讲话》 顾颉刚　中华书局

《经典常谈》 朱自清　中华书局

《国学概论》 章太炎　中华书局

《中国八大诗人》 胡怀琛　中华书局

《中国历史研究法》 梁启超　中华书局

《明史讲义》 孟森　中华书局

《中国史纲》 张荫麟　中华书局

《国学常识》 曹伯韩　中华书局

《佛学常识》 太虚 中华书局

《清代学术概论》 梁启超 中华书局

《谈美》 朱光潜 中华书局

《怎样读古书》 胡怀琛 中华书局

《中国哲学史史料学》 朱谦之 中华书局

《国学大家名言录》 陈毓瑾 金盾出版社

《国学常识》 曹伯韩 当代世界出版社

《重读国学》 郑张欢 浙江大学出版社

尼山书院国学推荐书目

（征求意见稿）

《尼山书院推荐书目》以国学大师梁启超《国学入门书要目及其读法》为依据，参考胡适《一个最低限度的国学书目》、顾颉刚《有志研究中国史的青年可备闲览书》、鲁迅《开给许世瑛的书单》等名人指导书目，并将现当代新作补充收入，共选书 5 大类，239 部，适于成人学习。又参考重点高校最新科研成果，增设蒙学书目，选书 9 大类，54 部，适于儿童教育。选书版本均以专业出版社精校本为主，兼顾本馆特色，使读者易寻易借。

（甲）修养应用及思想史关系书类

一、《论语》《孟子》

1.《孟子字义疏证》〔清〕戴震著 中华书局

2.《孟子正义》〔清〕焦循著 中华书局

3.《东塾读书记·孟子》〔清〕陈澧 上海古籍出版社

4.《四书集注》〔宋〕朱熹集注 岳麓书社

5.《论语注》〔清〕戴望注 上海古籍出版社

6.《论语通释》〔清〕焦循通释 上海古籍出版社

7.《论语集释》 程树德集释　中华书局

8.《论语译注》 杨伯峻译注　中华书局

9.《孟子译注》 杨伯峻译注　中华书局

二、《易经》

1.《周易程氏传》〔宋〕程颐　中华书局

2.《周易述》〔清〕惠栋著　中华书局

3.《雕菰楼易学》〔清〕焦循著　山东友谊书社

4.《周易大传今注》 高亨著　齐鲁书社

5.《高亨〈周易〉九讲》 高亨著　中华书局

6.《周易解题及其读法》 钱基博著　广西师范大学出版社

7.《周易注校释》 楼宇烈校释　中华书局

8.《学易笔谈》 杭慎修著　岳麓书社

三、《礼记》

1.《礼记正义》〔唐〕孔颖达正义　上海古籍出版社

2.《礼记集解》〔清〕孙希旦撰　中华书局

3.《礼记训纂》〔清〕朱彬撰　中华书局

4.《礼记译注》 杨天宇译注　上海古籍出版社

5.《礼记译解》 王文锦译解　中华书局

6.《大学中庸译注》 王文锦译注　中华书局

四、《老子》

1.《老子指归》〔汉〕严遵著　中华书局

2.《老子注译及评介》 陈鼓应著　中华书局

3.《帛书老子校注》 高明著　中华书局

五、《墨子》

1.《墨子间诂》〔清〕孙诒让著　中华书局

2.《墨经校诠》 高亨著　清华大学出版社

六、《庄子》

1.《庄子集释》〔清〕郭庆藩辑　中华书局

2.《庄子今注今译》 陈鼓应著　中华书局

七、《荀子》

《荀子集解》〔清〕王先谦撰　中华书局

八、《尹文子》《慎子》《公孙龙子》

1.《尹文子》〔战国〕尹文子著　上海书店

2.《慎子集校集注》　许富宏撰　中华书局

3.《公孙龙子译注》　庞朴译注　上海人民出版社

九、《韩非子》

1.《韩非子集释》〔清〕王先慎著　中华书局

2.《韩非子校注》〔清〕周勋初修订　凤凰出版社

十、《管子》

1.《管子校正》〔清〕戴望著　商务印书馆

2.《管子校注》〔清〕黎翔凤著　中华书局

3.《管子轻重篇新诠》　马非百著　中华书局

十一、《吕氏春秋》

1.《吕氏春秋》〔战国〕吕不韦编 上海古籍出版社

2.《吕氏春秋校释》　陈奇猷校释　学林出版社

十二、《淮南子》

《淮南鸿烈集解》　刘文典著　中华书局

十三、《春秋繁露》

1.《春秋繁露义证》　苏舆著　中华书局

2.《春秋董氏学》　康有为著　中华书局

十四、《盐铁论》

1.《盐铁论要释》〔汉〕杨树达著　科学出版社

2.《盐铁论校注》〔汉〕桑弘羊著　中华书局

十五、《论衡》

1.《论衡校读笺识》　马宗霍著　中华书局

2.《论衡校释》　黄晖著　中华书局

十六、《抱朴子》

1.《抱朴子内篇校释》　王明著　中华书局

2.《抱朴子外篇校笺》　杨明照著　中华书局

十七、《列子》

1.《列子集释》 杨伯峻著 中华书局

2.《列子译注》 严北溟译注 上海古籍出版社

十八、朱熹

1.《近思录》〔宋〕朱熹著 中华书局

2.《近思录集注》〔清〕江永著 商务印书馆

3.《朱子年谱》〔清〕王懋竑撰 商务印书馆

十九、王守仁

1.《传习录》〔明〕王守仁著 山东友谊书社

2.《王阳明全集》〔明〕王守仁著 上海古籍出版社

二十、黄宗羲

1.《明儒学案》〔清〕黄宗羲著 中华书局

2.《宋元学案》〔清〕黄宗羲，全祖望，王梓材著 中华书局

3.《明夷待访录》〔清〕黄宗羲 中华书局

二十一、顾炎武

1.《日知录》〔清〕顾炎武 上海古籍出版社

2.《亭林诗文集》〔清〕顾炎武 中华书局

二十二、王夫之

《思问录·俟解》〔清〕王夫之著 中华书局

二十三、戴望

《颜氏学记》〔清〕戴望著 中华书局

二十四、戴震

1.《东原集》〔清〕戴震著 商务印书馆

2.《戴震全书》〔清〕戴震著 黄山书社

3.《戴震集》〔清〕戴震著 上海古籍出版社

二十五、焦循

1.《雕菰楼集》〔清〕焦循著 上海古籍出版社

2.《雕菰楼易学五种》〔清〕焦循著 凤凰出版社

二十六、章学诚

1.《文史通义》〔清〕章学诚著 商务印书馆

2.《文史通义校注》 叶瑛校注 中华书局

二十七、康有为

1.《大同书》 康有为著 中州古籍出版社

2.《大同论二种》 康有为著 三联书店

二十八、章太炎

1.《国故论衡》 章太炎著 上海古籍出版社

2.《国故论衡疏证》 章太炎著 庞俊，郭诚永疏证 中华书局

二十九、梁漱溟

《东西文化及其哲学》 梁漱溟著 商务印书馆

三十、胡适

《中国哲学史大纲 上卷》 胡适著 商务印书馆

三十一、梁启超

1.《先秦政治思想史》 梁启超著 上海古籍出版社

2.《清代学术概论》 梁启超著 上海古籍出版社

（乙）政治史及其他文献学书类

一、《尚书》

1.《尚书今古文注疏》〔清〕孙星衍著 中华书局

2.《今文尚书考证》〔清〕皮锡瑞著 中华书局

3.《尚书孔传参正》〔清〕王先谦著 中华书局

二、《逸周书》

1.《逸周书集训校释》〔清〕朱右曾著 商务印书馆

2.《逸周书汇校集注》 黄怀信著 上海古籍出版社

三、《竹书纪年》

《古本竹书纪年辑校、今本竹书纪年疏证》〔清〕朱右曾著 王国维著 辽宁教育出版社

四、《国语》《春秋左氏传》

1.《国语》〔春秋〕左丘明著 齐鲁书社

2.《国语集解》〔清〕徐元诰撰 中华书局

3.《春秋经传集解》〔晋〕杜预集解 上海古籍出版社

4.《春秋大事表》〔清〕顾栋高著　中华书局

5.《春秋左传注》 杨伯峻注　中华书局

五、《战国策》

1.《战国策》〔汉〕刘向辑　上海古籍出版社

2.《战国策笺证》 范祥雍笺证　上海古籍出版社

六、《周礼》

1.《周礼正义》〔清〕孙诒让著　中华书局

2.《周礼译注》 杨天宇译注　上海古籍出版社

七、《考信录》〔清〕崔述著　商务印书馆

八、《资治通鉴》〔宋〕司马光编著　中华书局

九、《读通鉴论》〔清〕王夫之著　中华书局

十、《续资治通鉴》〔清〕毕沅著　上海古籍出版社

十一、《文献通考》〔宋〕马端临撰　中华书局

十二、《续文献通考》〔明〕王圻撰　浙江古籍出版社

十三、《皇朝文献通考》〔清〕乾隆官修　浙江古籍出版社

十四、《两汉会要》〔宋〕徐天麟撰　上海古籍出版社

十五、《唐会要》〔宋〕王溥撰　中华书局

十六、《五代会要》〔宋〕王溥撰　上海古籍出版社

十七、《通志二十略》〔宋〕郑樵撰　中华书局

十八、《二十四史》 中华书局

1.《史记》〔汉〕司马迁著

2.《汉书》〔汉〕班固著 〔唐〕颜师古注

3.《三国志》〔晋〕陈寿著 〔宋〕裴松之注

4.《后汉书》〔南朝宋〕范晔著

5.《晋书》〔唐〕房玄龄著 〔唐〕何超音义

6.《宋书》〔南朝梁〕沈约著

7.《南齐书》〔南朝梁〕萧子显著

8.《梁书》〔唐〕姚思廉著

9.《陈书》〔唐〕姚思廉著

10.《魏书》〔北齐〕魏收著

11.《北齐书》〔唐〕李百药著

12.《周书》〔唐〕令狐德棻著

13.《隋书》〔唐〕魏征著

14.《南史》〔唐〕李延寿著

15.《北史》〔唐〕李延寿著

16.《旧唐书》〔后晋〕刘昫著

17.《新唐书》〔宋〕欧阳修，宋祁著

18.《旧五代史》〔宋〕薛居正著

19.《新五代史》〔宋〕欧阳修著

20.《宋史》〔元〕脱脱著

21.《辽史》〔元〕脱脱著

22.《金史》〔元〕脱脱著

23.《元史》〔明〕宋濂著

24.《明史》〔清〕张廷玉著

十九、《清史稿》 赵尔巽等撰　中华书局

二十、《廿二史札记》〔清〕赵翼著　中华书局

二十一、《十七史商榷》〔清〕王鸣盛著　上海古籍出版社

二十二、《圣武记》〔清〕魏源著　中华书局

二十三、《国朝先正事略》〔清〕李元度纂　岳麓书社

二十四、《读史方舆纪要》〔清〕顾祖禹著　中华书局

二十五、《史通》〔唐〕刘知几著　上海古籍出版社

1.《史通通释》〔清〕浦起龙通释 上海古籍出版社

2.《史通笺记》 程千帆著　中华书局

二十六、《中国历史研究法》 梁启超著　岳麓书社

二十七、《中国历史教科书》 刘师培著　广陵书社

（丙）韵文书类

一、《诗经》

1.《诗毛氏传疏》〔清〕陈奂著　中国书店

2.《毛诗传笺通释》〔清〕马瑞辰撰　中华书局

二、《楚辞》

1.《楚辞集注》〔宋〕朱熹著　上海古籍出版社

2.《楚辞通释》〔清〕王夫之著　上海人民出版社

三、《文选》〔南朝梁〕萧统编　〔唐〕李善注　中华书局

四、《乐府诗集》〔宋〕郭茂倩编　中华书局

五、《曹子建集》〔魏〕曹植撰　中华书局

六、《阮嗣宗集》〔魏〕阮籍撰　国家图书馆出版社

七、《陶渊明集》〔晋〕陶潜撰　中华书局

八、《谢灵运集》〔晋〕谢灵运撰　岳麓书社

九、《鲍参军集注》〔南朝宋〕鲍照撰　钱仲联注　上海古籍出版社

十、《谢宣城集校注》〔南朝齐〕谢朓撰　曹融南校注　上海古籍出版社

十一、《汉魏六朝百三家集》

1.《汉魏六朝百三家集》〔明〕张溥撰　吉林出版集团

2.《汉魏六朝百三家集题辞注》　殷孟伦注　人民文学出版社

十二、《李太白集》〔唐〕李白撰　岳麓书社

十三、《杜工部集》〔唐〕杜甫撰　岳麓书社

十四、《王右丞集》〔唐〕王维撰　岳麓书社

十五、《孟襄阳集》〔唐〕孟浩然撰　广陵书社

十六、《韦苏州集》〔唐〕韦应物撰　中国书店

十七、《高常侍集》〔唐〕高适撰　中华书局

十八、《韩昌黎集》〔唐〕韩愈撰　中国书店

十九、《柳河东集》〔唐〕柳宗元撰　上海古籍出版社

二十、《白香山集》〔唐〕白居易撰　商务印书馆

二十一、《李商隐全集》〔唐〕李商隐撰　上海古籍出版社

二十二、《王临川集》〔宋〕王安石撰　商务印书馆

二十三、《苏东坡集》〔宋〕苏轼撰　商务印书馆

二十四、《元遗山集笺注》〔金〕元好问撰　施国祁注　人民文学出版社

二十五、《陆放翁集》〔宋〕陆游撰　商务印书馆

二十六、《唐百家诗选》〔宋〕王安石选　上海古籍出版社

二十七、《醉翁琴趣外篇》〔宋〕欧阳修撰　世界书局

二十八、《清真词》〔宋〕周邦彦撰　福建人民出版社

二十九、《梦窗词》〔宋〕吴文英撰　商务印书馆

三十、《东坡乐府》〔宋〕苏轼撰　上海古籍出版社

三十一、《柳永集》〔宋〕柳永撰　山西古籍出版社

三十二、《淮海词》〔宋〕秦观撰　浙江古籍出版社

三十三、《樵歌》〔宋〕朱敦儒撰　上海古籍出版社

三十四、《稼轩词》〔宋〕辛弃疾撰　中华书局

三十五、《后村词笺注》〔宋〕刘克庄撰　钱仲联注　上海古籍出版社

三十六、《白石道人歌曲》〔宋〕姜夔撰　商务印书馆

三十七、《王沂孙词集》〔元〕王沂孙撰　上海古籍出版社

三十八、《宋诗钞》〔清〕吕留良钞　中华书局

三十九、《西厢记》〔元〕王实甫撰　上海古籍出版社

四十、《琵琶记》〔元〕高明撰　中华书局

四十一、《牡丹亭》〔明〕汤显祖撰　人民文学出版社

四十二、《桃花扇》〔清〕孔尚任撰　人民文学出版社

四十三、《长生殿》〔清〕洪昇撰　人民文学出版社

（丁）小学书及文法书类

一、《说文解字注》〔清〕段玉裁注　中华书局

二、《说文通训定声》〔清〕朱骏声撰　中华书局

三、《说文释例》〔清〕王筠撰　中华书局

四、《说文义证》〔清〕桂馥撰　齐鲁书社

五、《广雅疏证》〔清〕王念孙撰　江苏古籍出版社

六、《读书杂志》〔清〕王念孙撰　江苏古籍出版社

七、《经传释词》〔清〕王引之撰　江苏古籍出版社

八、《古书疑义举例》〔清〕俞樾撰　中华书局

九、《经籍纂诂》〔清〕阮元编　中华书局

十、《马氏文通》〔清〕马建忠著　商务印书馆

十一、《说文解字通论》陆宗达著　北京出版社

十二、《语言文字学及其应用研究》许嘉璐著　广东教育出版社

十三、《语言文字学论文集》许嘉璐著　商务印书馆

十四、《古代汉语》王力编　中华书局

十五、《训诂学》郭在贻著　中华书局

（戊）日常涉猎类

一、《四库全书总目提要》〔清〕永瑢　纪昀撰　中华书局

二、《世说新语》〔南朝宋〕刘义庆编撰　上海古籍出版社

三、《水经注》〔北魏〕郦道元撰　〔清〕戴震校　黄山书社

四、《文心雕龙》〔南朝梁〕刘勰著　浙江古籍出版社

五、《大唐三藏慈恩法师传选译》〔唐〕慧立撰　贾二强译注　巴蜀书社

六、《徐霞客游记》〔明〕徐霞客撰　中华书局

七、《梦溪笔谈》〔宋〕沈括撰　凤凰出版社

八、《困学纪闻》〔宋〕王应麟著　上海古籍出版社

九、《通艺录》〔清〕程瑶田著　黄山书社

十、《癸巳类稿》〔清〕俞正燮著　辽宁教育出版社

十一、《东塾读书记》〔清〕陈澧著　上海古籍出版社

十二、《庸盦笔记》〔清〕薛福成著　江苏人民出版社

十三、《张太岳集》〔明〕张居正著　上海古籍出版社

十四、《王心斋先生全集》〔明〕王艮著　江苏教育出版社

十五、《朱舜水全集》〔清〕朱之渝著　中国书店

十六、《李塨文集》〔清〕李塨著　河南人民出版社

十七、《鲒埼亭集》〔清〕全祖望著　商务印书馆

十八、《潜研堂集》〔清〕钱大昕著　上海古籍出版社

十九、《述学》〔清〕汪中著　辽宁教育出版社

二十、《洪北江诗文集》〔清〕洪亮吉著　商务印书馆

二十一、《龚自珍全集》〔清〕龚自珍著　上海古籍出版社

二十二、《曾文正公全集》〔清〕曾国藩著　线装书局

二十三、《胡林翼集》〔清〕胡林翼著　岳麓书社

二十四、《苕溪渔隐丛话》〔宋〕胡仔纂集　人民文学出版社

二十五、《词苑丛谈》〔清〕徐釚著　上海古籍出版社

二十六、《语石》〔清〕叶昌炽著　上海书店

二十七、《书林清话》〔清〕叶德辉著　中华书局

二十八、《广艺舟双楫》〔清〕康有为著　中国人民大学出版社

二十九、《剧说》〔清〕焦循著　古典文学出版社

三十、《宋元戏曲史》　王国维著　上海古籍出版社

三十一、《古代文体常识》　许嘉璐著　中华书局

三十二、《中国文献学九讲》　张舜徽著　中华书局

三十三、《佛教基本知识》　周叔迦著　中华书局

三十四、《语文常谈》　吕叔湘著　三联书店

三十五、《宋诗选注》　钱钟书选注　三联书店

三十六、《黄侃手批白文十三经》　黄侃批　中华书局

三十七、《黄侃手批说文解字》　黄侃批　中华书局

三十八、《绎史》〔清〕马骕著　齐鲁书社

三十九、《左传纪事本末》〔清〕高士奇著　中华书局

四十、《通鉴纪事本末》〔宋〕袁枢著　中华书局

四十一、《宋史纪事本末》〔明〕陈邦瞻著　中华书局

四十二、《元史纪事本末》〔明〕陈邦瞻著　中华书局

四十三、《明史纪事本末》〔清〕谷应泰著　中华书局

四十四、《三藩纪事本末》〔清〕杨陆荣著　中华书局

四十五、《三朝北盟会编》〔宋〕徐梦莘著　上海古籍出版社

四十六、《藏园群书题记》　傅增湘撰　上海古籍出版社

蒙学书目

一、综合知识

1.《千字文》〔南朝梁〕周兴嗣撰　上海古籍出版社

2.《三字经》〔宋〕王应麟撰　上海古籍出版社

3.《三字经训诂》〔清〕王相撰　中国书店

4.《三字经注解备要》〔清〕贺兴思撰　上海古籍出版社

5.《增订三字经》　章炳麟撰　甘肃人民出版社

6.《小学绀珠》〔宋〕王应麟撰　中华书局

7.《名物蒙求》〔明〕方逢辰撰　海豚出版社

8.《龙文鞭影》〔明〕萧良有撰　岳麓书社

9.《幼学琼林》〔清〕邹盛脉撰　岳麓书社

10.《幼学歌》〔清〕王用臣撰　天津古籍出版社

二、伦理道德

1.《小学》〔宋〕朱熹　刘青撰　四川大学出版社

2.《小学集解》〔清〕张伯行撰　中华书局

3.《童蒙训》〔宋〕吕本中撰　陕西人民出版社

4.《少仪外传》〔宋〕吕祖谦撰　中华书局

5.《纯正蒙求》〔元〕胡炳文撰　上海古籍出版社

6.《二十四孝》〔元〕郭居敬撰　云南美术出版社

7.《好人歌》〔明〕吕坤撰　辽宁古籍出版社

三、行为规范

1.《程子四箴》〔宋〕程颐撰　中华书局

2.《神童诗》〔宋〕汪洙撰　辽宁古籍出版社

3.《童蒙须知》〔宋〕朱熹撰　中华书局

4.《训蒙法》〔宋〕王日休撰　接力出版社

5.《增广贤文》〔明〕佚名撰　中国书店

6.《童子礼》〔明〕屠义英撰　中华书局

7.《小儿语》〔明〕吕得胜撰　蓝天出版社

8.《续小儿语》〔明〕吕坤撰　东北朝鲜民族教育出版社

9.《小儿语补》〔明〕天谷老人撰　东北朝鲜民族教育出版社

10.《老学究语》〔明〕李惺撰　陕西人民出版社

11.《弟子规》〔清〕李毓秀撰　人民教育出版社

12.《格言联璧》〔清〕金缨撰　湖北辞书出版社

四、学养规范

1.《程董二先生学则》〔宋〕程端蒙　董铢撰　中华书局

2.《程氏家塾读书分年日程》〔元〕程端礼撰　黄山书社

3.《洞学十戒》〔明〕高贲亨撰　辽宁古籍出版社

4.《治家格言》〔清〕朱用纯撰　上海古籍出版社

5.《了凡四训》〔明〕袁黄撰　中州古籍出版社

五、历史常识

1.《叙古千文》〔宋〕胡寅撰　天津古籍出版社

2.《历代蒙求》〔元〕陈栎撰　岳麓书社

3.《鉴略妥注》〔明〕李廷机撰　岳麓书社

4.《韵史》〔清〕许邂翁撰　中国书店

5.《蒙训》〔清〕刘沅撰　远方出版社

6.《史鉴节要便读》〔清〕鲍东里撰　岳麓书社

六、训蒙方法

1.《蒙养礼》〔明〕吕坤撰　中华书局

2.《社学要略》〔明〕吕坤撰　中华书局

3.《初学备忘》〔明〕张履祥撰　中华书局

4.《教童子法》〔清〕王筠撰　接力出版社

5.《训蒙辑要》〔清〕石天基撰　接力出版社

七、声律词对

1.《训蒙骈句》〔明〕司守谦撰　湖北美术出版社

2.《笠翁对韵》〔清〕李渔撰　海豚出版社

3.《声律启蒙》〔清〕车万育撰　岳麓书社

4.《千家诗》〔宋〕刘克庄撰　中华书局

5.《唐诗三百首》〔清〕孙洙撰　浙江古籍出版社

八、识文断字

1.《百家姓》〔宋〕佚名撰　岳麓书社

2.《文字蒙求》〔清〕王筠撰　中华书局

九、女童教育

1.《女小儿语》〔明〕吕得胜撰　华夏出版社

2.《女儿经》〔明〕佚名撰　华夏出版社

关于读书的楹联

五车图集　　　万轴琳琅

开卷有益　　　闭户自精

几上千古　　　花间四时

文章江海　　　书籍林泉

卧游五岳　　　坐拥百城

诗情画意　　　琴韵书声

焚云辟蠹　　　起草雕龙

干国家事　　　读圣贤书
　　　　　——海瑞《自题》

读古人书　　　友天下士
　　　　　——包世臣《赠丁晏》

书城巨观　　　人间罕睹
　　　　　——天一阁

广祈多福　　　博览群书
　　　　　——黄右原集孟郁碑、鲁峻碑句联

助人为乐　　　读书更佳

无欲最乐　　　有书便佳

傍百年树　　　读万卷书
　　　　　——庐山白鹿洞书院联

邺侯新插架　　曹氏旧营仓

藏古今学术　　聚天地精华

东壁新画海　　西厢美书林

价为三都贵　　名因十详新

书中乾坤大　　笔下天地宽

立品同白玉　　读书到青云

深恩立身道　　快读有用书

几净云生砚　　窗明月映书

入梦一池草　　怡情半局棋

文墨有真趣　　园林无俗情

文章千古事　　花月一帘春

伴我书千卷　　可人花一帘

把酒知今是　　观书悟昨非

雨过琴书润　　风来翰墨香

诗书惟我共　　世事与谁论

泉清堪洗砚　　山秀可藏书

洗砚鱼吞墨　　煮茶鹤避烟

著书惊日短　　看剑引杯长

静闻鱼读月　　笑对鸟谈天

蕴借异时辈　　卓革观群书

东壁图书府　　西园翰墨林

欲知千古事　　频读五车书

图书腾风彩　　文笔若龙翔

奇书手不释　　旧友心相知

三绝诗书画　　一官归去来
　　　　　——李啸赠郑板桥联

门对千竿竹　　家藏万卷书
　　　　　——解缙

门前万竿竹　　堂上四库书
　　　　　——杜重划集苏轼句题眉山三苏祠联

风云三尺剑　　花鸟一床书

为学心难满　　观书悟昨非

心知白云妙　　书爱众香薰

书镜照千古　　笔开花四时

书林含馥郁　　艺海汇英华

立德齐今古　　藏书教子孙

老我书千卷　　惊人笔一支

老拳博古道　　儿口嚼新书
　　　　　——金圣叹

地僻新闻少　　屋窄古书多

好书勤诵读　　佳句费推敲

把酒时看剑　　焚香夜读书

闲临王氏帖　　醉读少陵诗

床上书连屋　　阶前树拂云

忘食学草木　　委怀在琴书
　　　　——张仲甫、林则徐集元次山、陶渊明句

纵观廿四史　　静对十三经

顷来树佳政　　时还读我书

奇书窥鸟迹　　赐茗出龙团

松菊开三径　　琴书萃一堂

苦读千年史　　笑吟万家诗

披云链琼液　　坐月观宝书

明灯时做伴　　古书常为朋

图书聚所好　　松柏得其真

忠厚传家久　　诗书继世长

相与观所尚　　时还读我书
　　　　　——祝允明集陶诗句联

闻鸡晨舞剑　　挑灯夜读书

座对贤人酒　　　家藏太史书

读书破万卷　　　落笔超群英
　　　　　——张仲甫、林则徐集少陵、太白句

读书破万卷　　　下笔扫千军

读书成底事　　　报国是何人

读书贵有用　　　树德莫如滋

读书贵有用　　　处事在通情

著书惊日短　　　舞剑伴星稀

得句疑人有　　　看书不厌志

智勇冠当代　　　卓荦观群书

勤俭黄金本　　　读书丹桂根

风月畅怀抱　　　琴书悦性灵

杜门闲客散　　　摊卷古人来

漱六经芳润　　　储二西精华

醉歌田舍酒　　　笑读古人书

广搜中外名篇　　　嘉惠四方学子

闲居足以养老　　　至乐莫如读书

与古人为知己　　　集斯文之大观

文气曲于流水　　　天怀和若春风

无丝竹之乱耳　　　乐琴书以消忧

名教自有乐地　　　诗书是我良田

竹雨松风梧月　　　茶烟琴韵书声

养身莫如寡欲　　　读书尤在虚心

好事流芳千古　　　良书播惠九州
　　　　　——郭沫若题天一阁

有打瞌睡豪杰　　　无不读书神仙

未能一日寡过　　恨不十年读书

至要莫过教子　　至乐莫过读书

求学将以致用　　读书先在虚心

夜月琴声书韵　　春风鸟语花香

放开肚皮吃饭　　抖起神气读书

临帖常感身健　　读书偏爱夜长

竖起脊梁立行　　放开眼孔观书
　　　　　——陈观楼

高，高于人心　　深，深于书籍
　　　　　——蔡锷答樊雉联

读书不求甚解　　鼓琴足以自娱
　　　　——桂未谷集陶潜、庄子句

雅言诗书执礼　　益友直谅多闻

古今学术藏满架　　中外精华聚一楼

远求海内珍藏本　　快读人间未见书

藏书楼上百花放　　借阅窗口四时春

文探五典三坟上　　友在三秦两汉间

六艺文章华国室　　五经才调治安书

左图右史兰台宝　　诸子百家石室珍

玉轴牙签唐李泌　　琅函金笈晋张华

价高只为三都贵　　名重还因五色新

传播四海新文化　　推广九州有用书

交友全属斯文辈　　生活还寻故纸堆

奇探二西搜罗富　　赋就三都声阶高

饶有文章堪售世　　不嫌廛市作生涯

书有未观皆可读　　　事经已过不须提
　　　——俞樾集《金刚经》句

书从疑处翻成悟　　　文到穷时自成神

书到用时方恨少　　　船行江心补漏迟

书山有路勤为径　　　学海无涯苦作舟

书到用时方恨少　　　事非经过不知难

书味本长宜细索　　　砚田可种勿抛荒

书声读落三更月　　　笔阵扫开万里云

书有未曾经我读　　　事无不可对人言

书似青山常乱迭　　　灯如红豆最相思

书田菽粟皆真味　　　心地芝兰有异香

书中岂有黄金屋　　　海上长存天一楼
　　　——胡乔木题天一阁

书窗正对云洞启　　　丛菊初傍幽篁栽
　　　——刘孟伉集陆游句题眉山三苏祠

书囊应满三千卷　　　人品当居第一流

书海大有经济学　　　市场当存道德心

于古人书无不读　　　则天下事大可为

三世青毡宜耐冷　　　五更黄卷莫辞勤

无情岁月增中减　　　有味诗书苦后甜

鸟欲高飞先振翅　　　人求上进早读书

有关家国书常读　　　无益身心事莫为

灯火夜深书有味　　　墨花震湛字生光

每逢善事心先喜　　　得见奇书手自抄

一庭花发来知几　　　万卷书开见古人

一榻清风书叶舞　　　半窗明月墨花香

一帘花影云拖地　　半夜书声月在天

水环琴室声编细　　花护书巢香更多

从来名士皆耽酒　　未有佳人不读书

闭户著书忘岁月　　挥毫落纸如云烟

好书悟后三更月　　良友来时四座春

花香满座客对酒　　灯影隔帘人读书

春秋风月供新赏　　左右图书结古欢

看书对酒乐无事　　洗竹浇花兴有余

客散茶香留舌本　　睡余书味在胸中

除却读书无所好　　偶题诗句不须编

清谈如晋人尚矣　　浊酒以汉书浇之

游山五岳东道主　　拥书百城南面王

愧无媚骨难谐俗　　赖有痴肠解读书

漫研竹露题唐句　　细嚼梅花读汉书

数行褚帖当窗学　　一卷陶诗倚枕看

万卷古今消永日　　一窗昏晓送流年
　　　　——陆游《题书房》

雨醒诗梦来蕉叶　　风载书声出藕花
　　　　——徐渭《自题书舍》

会须上番看成竹　　何处老翁来赋诗
　　　　——朱彝尊《题曝书亭》

读书已过五千卷　　此墨足支三十年
　　　　——袁枚自题

与有肝胆人共事　　从无字句处读书
　　　　——周恩来自题

人间度阁足千古　　天下藏书此一家
　　　　——姚元之题天一阁

门前莫约频来客　　座上同观未见书

天下奇观书卷好　　世间滋味菜根长

书遇会心皆可读　　泉能蠲虑剧堪听

有奇书读无他好　　与古人游何所期

尽日相亲惟有石　　长年可乐莫如书

黄卷催吾朝起早　　青灯伴我夜眠迟

韬略终须建新国　　奋飞还得读良书
　　　　——郭沫若题邹韬奋图书馆

一室图书自清洁　　百家文史足风流

人无傲首终必贱　　家有奇书未为穷

人原是俗非关吏　　仕岂能优且读书
　　　　——蒋南庄题颖州厅事联

入世须才更须节　　传家积德还积书
　　　　——何子贞集《争坐位帖》字联

万卷诗书如好友　　一樽谈笑伴高人

万卷诗书寻真理　　千秋翰墨寄友情

万卷藏书宜子弟　　三田聚宝真生涯

才如湖海文始壮　　腹有诗书气自华

山川秀丽澄悬镜　　松竹清明静读书

山色满窗书满架　　石头为枕苔为毡

（以上楹联摘自李广宇《书文化大观》，中国广播电视出版社 1994 年版）

后 记

　　当代人文中国，从来也没有像今天一样，对阅读迸发出这么多热情期待，也从来也没像今天一样，因阅读而产生那么多疑惑、争鸣。当阅读成为一种时尚，不知是绚烂、喧嚣之后对简单、雅致状态的向往，抑或苦闷、焦躁之中对平淡、纯粹品质的希冀，但凡吸引了众多人的关注与思考的问题，就成为这个时代的需求。不论载体之争，雅俗之辩，娱情与求知，消亡与兴盛，其核心是让阅读重新回归到阅读中去，是推广阅读。考察整个阅读史，我们不难发现，人们在阅读中对经典有偏好，对经典的追求构成了阅读的主干，同时，也成就了经典。于是经典不在于有多少人在阅读，而在于人们一直在阅读，是跨越时空，不分国界，超越种族，启迪人生之思想财富，也构成了时代和民族的精神特质和文化基因。

　　经典是不朽的，然而一个时代有一个时代的经典，滋养着那个时代的精神，一个时代的经典有可能成为传世的不朽经典，也可能消沉、湮灭然后浴火重生，消沉、湮灭的也是经典，它是那个时代的墓志铭，是衡量那时人们思想高度的标尺，就如我们只知道流传下来什么，并不知道我们的时代还会流传下去什么一样，礼敬和包容是一个有文化自信的民族对阅读经典应有的态度。

　　因此，无论我们历经怎样的风雨磨难，当我们穿过重重历史交错的思想沙砾，那澄澈的荒漠甘泉是经典，那一直都在流淌的是经典，那一直在我们身边的也是经典。没有任何力量撼动过经典的传承流播，阅读经典就是我们对人类传统和祖先精神的皈依，是拥有智慧和幸福生活的源泉，这就是经典永恒的魅力和价值。

我们感念童蒙初始，乃至人生成长中，经典给予我们人格塑造，理想追求，家庭关爱，社会担当，品赋善良的蕴积构筑，更感谢赋予我们的人，这也就是阅读推广的意义吧。作为公共文化服务单位的图书馆，我们一直从事社会阅读的推广和组织工作，经典阅读也是其中的重要组成部分，近几年我们也在思考和探索关于经典阅读的理论和实践方法，在社会各界、学者尤其是广大读者的关心指导和支持下，阅读的社会影响和效果日渐彰显。我们很欣慰，我们一直在做，希望做得更好。

感谢中国图书馆学会和朝华出版社以敏锐的洞察力和时代担当，积极推出《阅读推广人系列教材》，给我们提供了一个向大家交流心得的机会，他们回应社会民众需求，营造书香社会的眼光令人敬佩。我们非常高兴的是在王余光教授的运筹、指导下，深圳图书馆和山东省图书馆有幸联袂共同编写《图书馆经典阅读推广》。思想解放、领风气之先的深圳馆与文化积淀深厚的山东馆结合，将是优势互补、珠联璧合的合作。

本书在王余光教授的策划、指导、带领下完成，大体框架由中国图书馆学会和王余光教授拟定，张岩、李西宁两位主编根据情况做了部分调整。参加编写的人员基本由深圳、山东两馆的业务骨干构成。初稿完成后，我们于 2015 年 6 月 14 日在山东济南召开了统稿会，各位作者介绍了各自的撰写情况，会议进行了统稿，张岩、李西宁两位主编逐章提出修改意见，由中国人民大学图书馆的王丽丽整理出条目，各位作者依此修改，全书最后由王丽丽统稿，张岩、李西宁审订。本书分为八讲，既有理论阐述和介绍性内容，也有面向实务的实践导向性内容，依次包括：

经典阅读推广概述，由西南大学图书馆的何官峰撰写；

经典阅读的意义和经典的选择，由北京大学信息管理系的王余光教授撰写；

经典阅览室及设计，由深圳图书馆的张浩撰写；

工具书与经典阅读，由山东省图书馆的白兴勇撰写；

经典版本与经典阅读，由山东省图书馆的吴金敦撰写；

乡邦文化与乡邦经典阅读，由山东省图书馆的王妮撰写；

经典阅读推广的方法与实践，由山东省图书馆的胡兵、深圳图书馆的许飞撰写；

经典导读，由深圳图书馆的王冬阳撰写。

书中附有大量延伸阅读材料。有《深圳图书馆"南书房"经典阅读推广活动》，《中国家庭理想藏书书目一百种》，金晓东编选、李西宁审定的《尼山书院国学必备书目（征求意见稿）》，王丽丽编选的《关于读书的楹联》等，为阅读本书提供了更为丰富广泛的资料背景。

感谢王余光教授的信任和悉心指导，保证了书稿的写作质量；感谢王丽丽女士辛苦统稿，沟通协调，使本书得以按时顺利完成；感谢撰稿的深圳、山东馆的同人们，你们的严谨思考、认真研究、勤奋工作使理论和实践得到了良好的结合，将对全国经典阅读推广起到积极推动作用。经典阅读推广是一个涉及面广泛、研究内容交错、资料繁杂的领域，由于时间紧迫，囿于编者的水平，难免会挂一漏万，难免错讹，还请专家不吝赐教。

李西宁

2015 年 8 月 19 日